중국적 사유의 원형

주역과 중용을 중심으로

차례

Contents

우리 삶의 길잡이

살다보면 숨이 멎는 듯한 일을 한두 번쯤은 겪는다. 그런 기막힌 경험 뒤에 오는 공허함은 산다는 것이 무엇인지를 되묻게 한다. 나는 사는 맛을 누리며 살고 싶다. 그것도 기왕이면 '기막힌 맛'을 누리고 싶다. 그래서 그 맛의 근원을 찾기 위해 삶의 뿌리로 내려가 보려고 한다.

광활한 중국 대륙은 예나 지금이나 많은 사람들이 삶의 뿌리를 내린 곳이다. 그 사람들이 어떤 생각을 하며 살아왔는지를 알아보는 것은 삶의 뿌리를 찾는 우리들의 여정에 좋은 길잡이가 될 것이다. 『주역 周易』과 『중용 中庸』을 동무 삼아 그들의 사유세계를 더듬어 보자.

제1부 『주역 周易』

역철학의 '본바탕' 찾기!

산다는 것은 무엇인가

사람이 태어나서 한세상 살다가 가는 것은 동서고금(東西古今)에 다를 것이 없는데 어찌하여 세상은 이토록 어지럽고 세상살이 또한 이렇게 정신이 없단 말인가? 세상은 끊임없이 돌아가는데 나는 홀로 그렇지 못해서인가? 아니면 세상은 그냥 있는데 나만 혼자 돌고 있어서 그런가? 그도 아니면 세상도 나도 함께 돌지만 서로 거꾸로 돌아 그런가?

사는 것이 쉽지 않음은 사람들의 생각이 제각기 다르고, 또한 다른 그만큼 목소리가 커지는 것만으로도 알고도 남는다. 그렇다고는 하지만, 그럼에도 사는 것이 늘 그렇게 힘들고 어렵기만 한 것도 아니다. 나른한 편안함에, '사는 맛이 바로 이런 것이로구나' 하는 즐거움을 느끼기도 하고, 가슴이 저리는 감동에, 사는 것이고 무엇이고 다 잊어버리는 경우도 있다.

삶은 정말 너무도 다양한 모습으로 드러나 그 정체를 알 수 없게 만든다. 희극인가 하면 그것도 아니고, 비극인가 하면 그 역시 아니다. 비극적 희극이 있는가 하면 희극적 비극도 있다. 아니, 삶은 새옹지마(塞翁之馬) 이야기처럼 희극과 비극의 구분 자체를 무너뜨린다.

도대체 산다는 것이 무엇일까?

이 질문은 살 만큼 살아본 사람이라면 안 해본 사람이 없을 것 같다. 나고 가는 것은 모든 사람이 똑같은데, 그럼에도 모든 사람이 저마다 다른 삶을 산다. 그리고 저마다 자기의 삶을 산다. 그래서 다른 사람들의 삶을 유심히 본다고 해서 삶이 무엇인지 알게 되지도 않는다. 열심히 산다고 살다가도, 정신이 나간 듯이 살다가도 나도 모르게 '도대체 사는 게 뭐지?'라는 의문이 떠오른다.

밥을 한다고 했는데 죽이 되는 때가 있다. 무얼 한다고 하면서도 무얼 하고 있는지 모를 때도 있다. 밥물을 너무 많이 잡으면 밥이 죽이 되고, 무슨 일을 하면서 딴 생각을 하다 보면 무얼 하는지 모를 수도 있다. 그러니 그런 일들이 일어나도 이해할 수 있고 그리 대수로울 것도 없다. 우리는 마음먹기에 따라 밥을 지을 수도 있고 밥을 안 할 수도 있다. 거의 무슨 일이든 내 마음대로 할 수도 있고 안 할 수도 있다.

그런데 삶은 묘하다. 삶은 내 마음대로 할 수도 있고 안 할 수도 있는 것이 아니다. 우리는 잠을 잘 때도, 마취상태에서도, 심지어 기절을 하더라도 살아 있다. 내가 자각하거나 못하거나를 막론하고 살아 있는 한 산다. 누구는 혹 우리가 안 살 수도 있다고, 다시 말해서 죽을 수도 있다고 말할지도 모른다. 그러나 죽는 것조차 심지어 스스로 목숨을 끊는 것조차도 살아 있는 사람의, 살고 있을 때의 일이다. 죽은 다음에는 내가 없으니 거기 무슨 살고 안 살고가 있겠는가? 가령 어떤 사람이 나는 지금 안 살고 죽어 있다고 한다면 그 사람은 틀림없이 산 사람이다.

어찌 됐든 (내) 삶은 내가 사는 것일까? 내가 사는 것이라면 내가 안 살 수도 있어야 한다. 그러나 그렇지 못하다. 그렇다고 내가 사는 것이 아니라면 도대체 나는 무엇이고, 또 산다는 것은 무엇이란 말인가? 산다고 살고 있는 내가, 사는 게 무엇인 줄도 또한 내가 무엇인지도 모른다니, 이것이 무슨 소리인가? 하지만 사는 것이 무엇인지 알면서 살았던 사람은 몇이나 되겠으며, 또한 지금도 그것을 알면서 사는 사람이 몇이나 될까? 심지어 공자(孔子) 같은 분조차 계로(季路)가 죽음에 대해 물었을 때 "아직 삶도 모르는데, 어찌 죽음을 알겠는가[未知生, 焉知死]?"(『논어 論語』, 「선진 先進」, 11)라고 한 것은 그만한 까닭이 있어서이다.

삶은 참으로 묘하다. 도대체 산다는 것은 무엇인가?

중국이란 나라는 그 넓은 대륙만큼 그리고 그 오랜 역사만큼이나 많은 사람들이 살다 갔고, 또 지금도 살고 있다. 그러니 그곳에서 얼마나 많은 생각들이 나왔다가 사라지고, 또 생겨났겠는가! 그 모든 생각들을 추리고 가려내서 제자백가(諸子百家)라고 하였지만 그것 또한 한참 옛날의 이야기이고, 그 뒤로도 또 얼마나 많은 뛰어난 인물들이 자기 생각을 펼쳤는지 모른다. 사정이 이러니 어느 세월에 그 많은 생각들을 대충대충이라도 훑어보겠는가. 이런 까닭에 이제 '중국적 사유'라는 테두리 안에 담긴 그 많은 생각들을 거슬러 올라가 하나의 줄기를 찾아내어서 그 맛을 보려고 하는 것이다. 물론 모든 중국적 사유가 한 줄기에서 나온 것이라고 할 수는 없고, 또한 그러한 사유가 모두 근원적 질문을 향한 것이라고 할 수도 없다. 여러 갈래의 물줄기가 모여 큰 물줄기를 이루고, 그 큰 줄기가 다시 갈라져 많은 지류를 만들어내듯이, 중국적 사유 또한 중국이라는 하나의 큰 흐름 안에 굵고

가는 여러 줄기를 갖고 있다.

'산다는 것은 무엇인가?'라는 근원적 질문과 관련하여 중국에서 자생한 중국적 사유에 있어서 매우 큰 흐름을 형성한 것이 유가(儒家)와 도가(道家)인데, 이 두 사유의 흐름을 거슬러 올라가다 보면 그 둘이 하나로 합쳐지는 원류(源流)를 만나게 된다. 이 글에서는 그 원류의 맛을 보려하는데, 그것도 가능한 한 순수한 맛을 보려고 한다. 일반적으로는 그 원류를 역(易)의 철학(哲學)으로 본다. 다시 말해서 『주역』이라는 책 안에 담긴 역철학(易哲學)이라는 하나의 원류에서 유가와 도가라는 두 개의 흐름이 파생되었다는 것이다. 중국적 사유에 있어서 비중이 매우 큰 유가와 도가의 원류라는 점 때문에 역철학의 중요성은 더욱 커진다. 역철학을 이해하는 것이 중국적 사유를 이해하는 관건이라고 해도 과언이 아닌 것이다. 『한서 漢書』「예문지 藝文志」에는 육경(六經)이 역(易), 서(書), 시(詩), 예(禮), 악(樂), 춘추(春秋)의 순으로 기재되어 있는데, 이것은 『주역』이 고래(古來)로 여러 경전들 중에서 으뜸으로 꼽혀왔음을 보여준다.

그런데 역철학이 유가와 도가의 원류가 된 것은 무슨 까닭에서일까? 단순히 역철학이 유가와 도가보다 시간적으로 앞선다고 해서 원류가 되라는 법은 없다. 유가와 도가라는 거대한 흐름을 만들 수 있었던 것은 그만한 힘이 역철학 안에 내재되어 있기 때문이다. 한마디로 그 힘은 사물에 대한 근원적인 이해라고 할 수 있는데, 사물을 그 근원에서 바라보는 안목은 겉모양만 보는 것과는 근본적으로 다르다. 그것은 사물을 단지 대상으로 보는 것이 아니라, 사물과 하나가 되는 체험이다. 흔히들 말하는 물아일체(物我一體)니 천인합일(天人合一)이니 하는 세계를 맛보는 것으로, 어떤 의미에서는 영적(靈的) 또는 예술적(藝術的) 체험과도 다르지 않다고 볼 수 있다.

이 글은 역철학이 담고 있는 '그 힘', 다시 말해서 사물에 관한 근원적 이해라는 역철학의 핵심 부분을 보다 쉽게 이해하려는 데 그 목적이 있다. 역철학은 그 중요성만큼이나 많은 사랑(?)을 받아왔고, 사랑받은 그만큼 몸집이 불어나서, 이제는 방대하다기보다는 오히려 비대하다는 표현이 걸맞게 되어버렸다. 군살과 비계 때문에 본래의 모습이 어떤지를 가늠하는 것조차 힘들어졌기 때문에, 이제 그 골격(骨格)을 들여다보려는 것이다.

그러나 역철학의 이해는 결코 쉽지[易(쉬울 이)] 않다. 중국인들이 종종 역경(易經)을 난경(難經)이라고 부르는 것만 보아도 그 어려움을 짐작할 수 있다.

『주역』의 글은 원래 풍부한 함축성을 지닌 비유가 많다. 그럼에도 불구하고 "책은 하고 싶은 말을 다 담을 수가 없고,

말은 전하고자 하는 뜻을 다 싣지 못하니, 성인(聖人)이 상징적인 괘(卦)를 만들어 그 뜻을 전한다"[1]고 밝히고 있다. 함축적인 비유를 통해서도 결국 그 뜻을 모두 전할 수가 없어 괘를 만드는 별도의 방법을 동원했다는 말이다.

따라서 성인이 말을 갖고서는 도저히 드러낼 수가 없어 어쩔 수 없이 괘 안에 단지 상징적으로만 담아둔 뜻을 알아내야 한다. 그렇게 하기 위해서는 '--'과 '—'의 두 부호와 그것으로 이루어진 단괘(單卦)의 의미를 이해하는 것이 기본이다. 단괘는 64괘가 만들어지기 전인 역철학 초창기에 나온 것으로 괘의 원형이라고 할 수 있다. 여덟 개의 단괘, 이른바 팔괘(八卦)야말로 역철학의 핵심으로 역철학의 골격을 보여준다. 때문에 '--'과 '—' 두 부호와 팔괘가 갖고 있는 본래의 뜻을 찾는 데 많은 부분을 할애할 것이다. 그리고 이런 작업을 통해서 역철학의 근본 개념(根本槪念)인 태극(太極)·도(道)·양의[兩儀, 일상적으로는 음양(陰陽)으로 표현한다]가 드러내는 세계를 엿보려고 한다.

거대한 중국적 사유의 원형이라고 할 만한 것을 맛보기 위하여 이제 유가와 도가의 원류인 역철학의 골격을 더듬는 여행을 떠나보자.

역철학(易哲學)의 기초

'--'과 '—'

역철학의 기초(基礎)는 그 유래야 어찌 됐든 '--[음]'과 '—[양]' 두 부호와 이 부호로 구성된 괘(卦)이다. 따라서 '--' '—' 두 부호 및 괘가 나타내는 본래의 의미를 파악하는 것이 역철학의 기본 정신을 이해하는 관건이 된다. 때문에 '--' '—' 부호와 괘의 기원 그리고 그 의미에 대한 많은 연구가 있어 왔다.[2] 그러나 이왕에 있어온 설명들은 나름대로 일리(一理)가 있긴 하지만 역철학의 핵심으로서 두 부호와 단괘가 가져야 할 전체적인 의미를 밝혀내지는 못하고 있다.

여기서 우리는 문제의 두 부호 및 괘의 기원과 의미를 찾기 위해서 보다 근원적인 질문을 던질 수 있다. 역철학의 창시자는 왜 이 같은 부호를 사용했으며, 이 부호를 통해 그가 전달하고자 했던 것은 무엇인가? 이 질문에 대해 앞에서 보았던 『주역』의 한 글귀를 다시 보자.

> 책은 하고자 하는 말을 모두 담을 수 없고, 말은 전하고자 하는 뜻을 다 펴지 못한다. 그러면 성인의 뜻을 알 길이 없는가? 공자가 이르기를 '성인은 상을 통해 그 뜻을 다 나타내신다'고 하였다.[3)]

역철학의 창시자는 그가 누구이든 간에 전하고자 하는 뜻을 말로써는 다 할 수 없었고, 때문에 부호를 사용한 괘(卦)의 상(象)을 통해서 그 뜻을 온전히 드러냈다는 것이다. 그렇다면 적어도 다음 하나만은 분명해진다. 즉, '--'과 '-' 두 부호와 이 부호로 만든 괘에는 성인의 뜻이 온전히 실려 있어야 한다는 것이다. 그리고 우리가 볼 수 있는 능력만 있다면 성인의 뜻을 알아낼 수 있을 것이다.

논자가 의도하는 것은 부호와 괘에 담긴 성인의 뜻을 되살려내려는 것이고, 그러기 위해서 하나의 역설적인 설명 방법을 취하려 한다. 역설적인 설명 방법이란 이왕에 이루어진 역철학적 성과의 안목으로 두 부호와 괘를 재조명하는 가설을 세우고, 그 가설을 통해서 두 부호와 괘의 의미를 찾는 것이다. 물론 논자의 시도에는 문제가 있다. 그 문제란 어떻게 순환논리의 오류를 극복할 수 있는가 하는 것이다. 부연하면, 앞에서 말한 것처럼 역철학을 이해하기 위해서는 두 부호와 괘(卦)의 의미를 파악하는 것이 선결 과제이다. 그런데 논자는 역철학에서 이루어낸 기왕의 성과를 통해 '--' '—' 두 부호와 괘의 의미를 찾을 수 있는 가설을 수립하기 때문이다.

논자의 생각으로는 이 문제를 해결할 수 있는 완전한 방법은 없다. 다만 스스로 범할 수 있는 잘못의 가능성을 줄이기 위하여 역철학의 성취를 최대한 활용하고 존중하는 방법을 쓸 뿐이다.

먼저 '--' '—' 두 부호에 대한 일반적인 설명을 보자.

> '--' '—'은 형이상학적 사상을 대표하는 두 부호로서, 그들이 대표하는 것은 물체의 형상을 초월한 추상적 작용 혹은 동태성(動態性)이다. 이들 두 부호는 또 '양의(兩儀)'라고도 불리는데 의(儀)란 법칙(法則)·법식(法式)으로, '양의'는 '--'과 '—'이 곧 우주만물이 변동하는 양대 법칙이란 말이다. '--'의 작용은 또 '음(陰)'이라 불리고 '—'의 작용은 또 '양(陽)'이라 불리니, '--'은 또 '음의(陰儀)', '—'은 또 '양의

> (陽儀)'라고 불린다. 그러므로 만물 중 무릇 승수(承隨, 이어받아 따름), 유순(柔順), 반퇴(反退, 되돌아감)의 성질을 나타내는 것은 모두 '음성(陰性)'이라고 부르고, 발동(發動), 강건(剛健), 진취(進取) 등의 성질을 나타내는 것은 모두 '양성(陽性)'이라고 부른다. 음성과 양성은 비록 서로 상반되나 오히려 서로를 이루도록 하여 변화함이 반복되고 만물을 생화(生化)한다.[4]

'--' '–' 두 부호의 의미에 대해서는 사계의 별다른 이견(異見)이 없다. 그러나 이 두 부호가 왜 이와 같은 의미를 지녔는가에 대해서는 구체적인 설명을 내놓지 못하고 있다. 이와 관련해 두이미(杜而未) 교수가 "달의 밝은 면과 어두운 면 두 면이 바로 '음양(陰陽)'이 원래 갖고 있는 뜻이며, 괘는 달 모양의 변형이다"[5]라고 주장한 바 있으나 학계의 주목을 받지 못했다.

논자는 두(杜) 교수의 주장이 매우 중요하다고 여긴다. 그럼에도 그의 주장이 학계의 주목을 받지 못한 이유는 그가 자신의 주장에 담겨 있는 철학적으로 중요한 내용을 간결하고 명쾌하게 드러내지 않았고, 또 그의 방대한 신화적·문화인류학적 자료와 해석이 오히려 철학적 요소를 가려 놓았기 때문이라고 생각한다.[6] 어찌 됐든 논자는 두(杜) 교수의 연구성과와 함께 주자(朱子)의 "선천도(先天圖)는 달의 모양[象]을 보여준다. 복(復)에서 진(震)은 (음력) 초3일에 달이 생기는 것이요, 태(兌)에 이르면 초8일에 속하는 상현(上弦)이요, 건(乾)은 보름달이요, 손(巽)은 달이 이지러지기 시작함이요, 간(艮)에 이르면 23일에 속하는 하현(下弦)이요, 곤(坤)은 바로 회월(晦月)이다"[7]란 말에 힘입어, '--' 부호는 달의 어두운 면, 다시 말해 눈에 보이지 않는 면을 상징하고, '–'은 달의 밝은 면, 즉 눈에 보이는 면을 상징하는 것이며, 이와 함께 단괘(單卦)는 바로 달의 모양을 본뜬 것이라는 하나의 가설을 세운다. 이 같은 가설이 앞에서 말한 '--' '–' 두 부호에 대한 일반적인 해석에서 벗어나지 않음은 물론이다.

논자가 어떤 이유로 그리고 무엇을 목적으로 이와 같은 가설을 세웠는지에 대한 보다 상세한 내용은 뒤에서 팔괘의 유래와 그 의미를 탐구하면서 절로 드러날 것이다.

팔괘(八卦) : 여덟 개의 단괘(單卦)

『주역』에 나와 있는 팔괘와 관련이 있는 글귀 중 중요한 것으로 다음과 같은 것을 꼽을 수 있다.

(이런 까닭에) 변화함에는 태극(太極)이 있고, 이것이 양

의(兩儀, 즉 陰陽)를 드러내고, 양의가 사상(四象)을 드러내고, 사상은 팔괘(八卦)를 낳는다.[8)]

팔괘가 열을 이루니, 상이 그 가운데 있다.[9)]

음양에 일어나는 변화를 관찰하여 괘를 만들었다.[10)]

앞의 세 인용문의 내용을 종합해 보면, 괘란 것은 음양에 일어나는 변화를 관찰하고 그 참[眞] 바탕[相]을 본떠서 만든 것[象]임을 알 수 있다. 그리고 그 변화는 태극이 양의(兩儀)를 드러내며 진행되어 팔괘까지 이어진다.

여기서 논자는 지금까지 말한 것을 그림으로 나타내 보이고 그에 대한 설명을 덧붙이고자 한다.

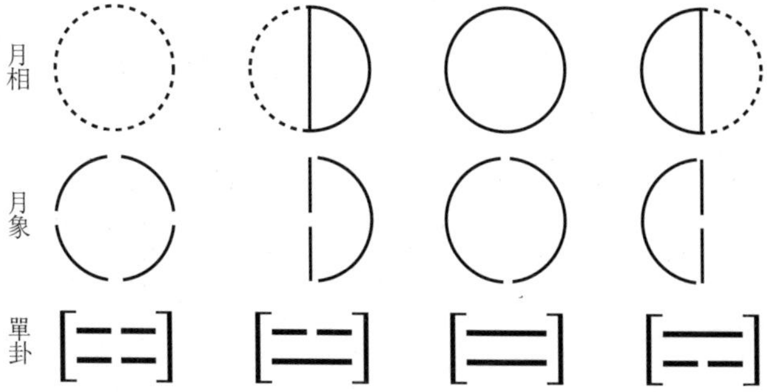

그림1

우리가 경험하는 것처럼 달을 꾸준히 관찰하면 달은 매일 그 모양이 변한다. 달의 모양이 변하는 것은 밝은 면이 점점 커져 보름달이 되었다가 다시 점점 작아져 없어지고 하는 과정을 반복하기 때문이다. 역철학의 첫걸음은 달의 변화에 있어 눈에 보이는 밝은 면을 통해서 눈에 보이지 않는 어두운 면까지 보는 데서 시작한다. 다시 말해, 눈에 보이지 않는 달의 면을 무(無, 존재하지 않음)로 여기지 않고, (역철학적 안목을 통해) 눈에 보이는 면과 대등한 사물의 존재함이 드러나기 위한 다른 하나의 요소 혹은 방식으로 본다는 것이다.

부연하면, (밖으로) 드러남을 상(象)이라고 하는데,[11] 그 상(象)을 볼 때 눈에 보이는 면, 즉 양(陽)만 본 것이 아니라 눈에 보이지 않는 어두운 면, 즉 음(陰)도 보았기에 '태극이 양의(兩儀)를 생(生)한다'고 하였고, 또 '음양에 일어나는 변화를 관찰하여 괘를 만들었다'고 하였다는 말이다.

달의 모양이 변하는 것은 밝은 면뿐만 아니라 어두운 면이 함께 변하는 것이다. 물론 이렇게 말할 때는 달의 어두운 면과 밝은 면을 합친 하나의 '둥근 달'이 전제되어 있다. 논자는 『주역』에서 말하는 태극이 바로 이 '둥근 달'을 가리키며, 태극이 의미하는 것은 이 '둥근 달'의 상징성을 통해서 선명하게 드러난다고 본다(이 점에 관해서는 뒤에서 보다 상세히 설명하겠다).

달의 모양 변화를 이해하는 데 있어서 가장 기본적인 것은 달의 네 가지 형태라고 할 수 있다. 즉, '보름달'과 '그믐날 밤의 완전히 보이지 않는 달' 그리고 '상현달'과 '하현달'의 두 반달을 합친 네 가지 형태이다.

그러므로 '양의(兩儀)가 사상(四象)을 생(生)한다'고 한 말은, 달의 어두운 면을 어둡게 하는 하나의 요소[陰]와 밝은 면을 밝게 하는 또 하나의 요소[陽]가 어울려 달의 네 가지 모양을 드러낸다는 뜻으로 풀이할 수 있다.

다시 다음의 「그림 2」를 보면서 '사상생팔괘(四象生八卦)'란 말을 풀어보겠다.

「그림 2」를 보면 팔괘를 구성하는 여덟 개의 단괘가 곧 달의 모양을 본뜬 것이라는 느낌을 받을 수 있다. 이런 느낌은 (앞서 인용한 말에서) 주자(朱子)도 나타낸 바 있다. 사실 괘와 달 모양의 상관관계를 보여주는 자료는 괘란 용어 자체가 하늘에 걸려 있는[掛, 걸 괘] 것이란 뜻에서 유래되었다는 것을 비롯해, 매우 풍부하다. 그러나 논자는 여기서 이 문제를 단

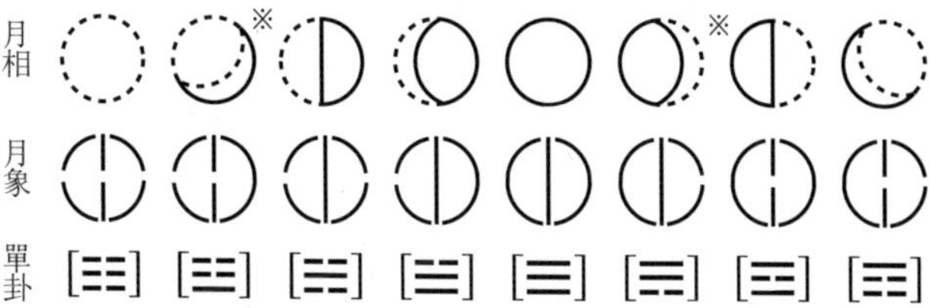

그림2

정 지으려는 의도는 없다. 왜냐하면 논자는 (단괘를 달과 연관지어 음미할 경우 역철학을 보다 쉽고 명쾌하게 이해할 수 있다는 이유에서) 가설적으로 달과 괘를 연관짓고 있을 뿐이기 때문이다. 다만 한 가지 언급하지 않을 수 없는 것은 주자가 언급한 괘와 그에 상응하는 달의 모양이 논자의 그것과 일치하지 않는다는 점이다. 주자는 팔괘를 달의 여덟 가지 모양과 대비시키지도 않았고, 또 대비시킨 괘에 대해서도 단지 그 모양이 닮은 것만 언급했을 뿐 그 이유는 설명하지 않았다. 아마 주자는 복희(伏犧) 육십사괘방위도(六十四卦方位圖)를 보며 그와 같은 언급을 했을 것으로 짐작이 가는데, 별다른 뜻을 두지는 않은 것 같다. 경위야 어찌 되었든 괘와 달의 모양이 관련이 있다는 것은 부인할 수 없는 사실이다.

팔괘와 달 모양과의 상관관계를 좀더 살펴보자. 팔괘의 단괘들은 '--' '—' 부호를 세 개씩 사용해서 만들어졌다. 그런데 반달의 경우에는 음면(陰面)과 양면(陽面)이 똑같기 때문에, 세 개의 부호로는 달의 상(象)을 그대로 그려낼[像] 수 없어 괘의 모양과 달의 모양이 일치하지 않는다. 그러나 '--' '—'의 부호를 사용해 괘를 만든 것이 단순히 달의 모양만을 나타내기 위해서인 것은 아니다. 우리는 여기서 '말로는 다 펴지 못하는 뜻을 상으로써 드러낸다[言不盡意,……聖人立象以盡意]'라는 말을 상기할 필요가 있다. 괘는 어떤 사물의 현 상태를 나타내지만 그와 동시에 그 사물의 과거와 앞으로 어떻게 변화할지를 함께 보여준다. 상현달을 상징하는 '☵ : 감(坎)'에 있어서 두 '--' 사이에 있는 '–'은 이것이 앞으로 자라날 것임을 함축하고 있고, 하현달을 상징하는 '☲ : 이(離)'에 있어서 '--'도 이것이 앞으로 더 자라날 것임을 함축하고 있다. 때문에 팔괘와 여덟 개의 달 모양 간의 관계에 있어서, 상현달과 하현달의 모양과 그에 상응하는 두 괘의 모양이 일치하지 않는 점은 오히려 역설적으로 달과 괘와의 상관관계를 보여주는 것이라고 할 수 있다. 만약 괘와 달 모양 간에 관계가 없다고 가정할 때 '☵'에서 두 '--'사이에 있는 '–'이 앞으로 자랄 것이라는 역철학적 해석의 근거가 모호해지기 때문이다.

다시 '사상(四象)에서 팔괘가 생했다'는 말로 돌아가 이 말의 의미를 풀어보자.

「그림 2」에서 보이듯이 팔괘는 사상, 즉 달의 모양 변화에 있어서 가장 대표적인 네 가지의 모양에다가, 한 모양에서 다음 단계로 넘어가는 중간에 다시 각각 한 단계를 보충하여 여덟 개의 모양으로 나누고, 그에 상응하는 상을 '--'과 '–'의 부호로 표시한 것이다. 그러므로 '사상(四象)에서 팔괘가 생했다'는 말은 음양의 조화로 이루어지는 수만 가지의 달의 모양 중 가장 대표적인 네 가지의 모양[四象]에서 팔괘가 생했다는 뜻인데, 이 경우의 '생(生)'자의 의미는 앞서 '태극이 양의를 생하고, 양의가 사상을 생하고' 하는 글귀 가운데 나오는 '생(生)'자와는 차이가 있다. 양의와 사상은 모두 달 모양의 변화에 대한 언급으로, 이에 사용된 '생'자가 존재론적인 연변(演變)을 뜻하는 것이라면, '사상생팔괘(四象生八卦)'의 '생'자는 '음양에서 일어나는 변화를 보고 괘를 만들었다[觀變於陰陽, 而立卦]'는 것을 보여주는 것으로, 괘의 성립이 사상(四象)을 모범으로 해서 이루어졌음을 뜻하는 것이라고 하겠다.

그렇다면 '사상에서 하필이면 팔괘가 생겼는가?' 하는 의문이 일어날 수 있다. 이런 의문에 대해서는 태극으로부터 사상까지의 연변이 역철학을 수립한 성인(聖人)이 본 존재방식이라면, 그가 본 것을 어떤 방식으로 나타내느냐 하는 것은 전적으로 성인 자신에게 속한 문제라고 답할 수 있다. 역철학의 경우, 지금 우리가 달 모양의 주기적 변화를 나타낼 때 여덟 개의 달 모양을 그리듯이 성인 또한 자연스럽게 여덟 개의 달 모양에 상응하는 팔괘라는 것을 만들고, 그 상을 통해서 자신의 뜻을 나타낸 것일 뿐이라고 생각한다. 물론 이때 팔괘가 상징적으로 의미하는 것은 단순히 여덟 개의 달 모양에 그치는 것이 아니라, 천지만물의 모든 상을 통섭하는 것이다.

한편, 『주역』에서는 '하늘' '땅' 그리고 만물을 대표하는 의미로서의 '사람' 이 셋[三才]을 통섭하기 위하여 '--' '—'의 부호를 세 개씩 사용했고, 그 결과 팔괘가 도출된 것으로 의미를 부여하고 있다.[12] 여기서 사람[人]이 어떤 근거에서 만물을 대표할 수 있는 자격을 갖는가 하는 새로운 문제와 부딪친다. 이 문제는 인성에 관한 많은 문제들을 수반하므로, 여기에서 상세히 다룰 수는 없고 결론만 요약해 제시하기로 한다.

사람은 생성의 차원에서는 만물과 다를 바 없다. 그러나 사람은 마음[心]을 갖고 이(理)를 통할 수 있어서, 생생지리(生生之理)를 체험할 수 있으며, 생생지덕(生生之德)을 온전히 이룰 수 있다. 그래서 만물을 대표해 천·지와 더불어 삼재(三才)를 이룬다고 한다.

그런데 여기서 주목해야 할 점은 사람이 삼재에 포함되느냐 안 되느냐 하는 문제보다는, '삼재'는 사람에 의한 새로운 의미부여라는 것이다. 천·지는 성인에 의해서 사람과 더불어 삼재 중 이재(二才)를 이루는 새로운 의미를 지니게 된다. 다시 말해, 지금까지 이야기해 온 그리고 앞으로 이야기할 삶에 관한 모든 것이 팔괘를 만든 성인을 통해서, 곧 인간을 통해서 새롭게 드러나고 빛을 발하게 되는 것이다. 마음을 통해 사람은 살아가는 이치[生生之理]를 맛보고 온전한 삶을 영위한다. 그것이 천지가 부여하여 내가 얻은 삶[生生之德]을 드러내는 것이다. 홀로 그런 삶을 이룰 수 있으면 더 바랄 나위가 없겠지만 그것이 쉽지 않으니 성인의 덕을 빌려서라도 그렇게 살아보려는 것이다. 바로 이런 삶을 통해서 사람은 자기의 울타리를 넘어서 삶의 근원인 천지와 만나고, 또 그것과 하나가 됨으로써 비로소 제대로 사는 사람이, 삼재를 이루는 사람이 된다.

"구슬이 서 말이라도 꿰어야 보배"라고 한다. 아무리 내게 주어진 삶이라도 내가 스스로 일구지 않으면 그 맛을 알 수 없다. 우리는 이미 주어져 있는 삶의 맛을 있는 그대로 맛보기만 하면 된다. 그러니 '새로운 의미 부여'라기보다 새롭게 의미를 발견하고 새롭게 의미를 체험하는 것이라고 하는 편이 더 적절하다.

또한 성인이 이 모든 것을 드러내는 변화의 상(象)을 나타냄에 있어서 '--' '—'의 부호를 세 개씩 사용한 데는 삼재를 상징한다는 이유 외에 또 다른 뜻이 있다고 생각된다. 팔괘를 이루는 각각의 단괘(單卦)는 각기 어떤 사물의 존재양상을 보여준다. 이때 하나의 단괘는 그것이 하나의 단괘라는 점에서 그 단괘가 상징하는 그 어떤 사물의 일성(一性) 그리고 동일성(同一性)을 보여준다. 동시에 하나의 단괘는 '--' '—'의 부호가 짝이 맞아떨어질 수 없는 세 개로 이루어졌다는 점에서 그 어떤 사물이 일성(一性) 혹은 동일성을 유지하면서도 다른 한편으로는 내적인 음양의 불균형으로 인하여 유동적이고, 그래서 끊임없이 변화한다는 것을 강렬하게 암시한다.

만물은 각기 '하나'의 '그것'이다. 그러나 역철학의 관점에서 볼 때 그것은 '변화하고 있는 그것'이다. 어떤 사물이 동일성 또는 정체성을 유지하면서 변한다고 하는 것은 존재의 오묘함, 다시 말해서 삶의 신비로움이다. 독자들은 이미 이 말이 뜻하는 바를 분명히 또는 어렴풋이 느낄 수 있을 것이다. 어떤 사물의 변화는 그 사물과 그 사물이 아닌 모든 것과의 연계성(連繫性)을 나타내는 것이다. 직접적인 예로, 내가 변한다는 것은 '나와 나 아닌 것(나와 세계)'과의 연계성(連繫性)을 드러내는 것이고, 나아가서는 나와 세계와의 일체성을 뜻하는 것이다. 내가 숨을 들이마시면 나는 그만큼 커지고 세계는 그만큼 작아진다. 숨을 내쉬면 내가 작아지고 세계가 커진다. 나와 나 아닌 것은 이렇게 하나로 연계되어 있다. 그럼에도 커지거나 작아지거나 간에 나는 나이고 세계는 세계이다. 즉, 피차 서로의 정체성에는 변함이 없다. 중국적 사유의 세계에서는 이런 점을 일상적인 것으로 받아들인다. 우리가 흔히 듣고 볼 수 있는 "하나이면서 둘이고, 둘이면서 하나이다[一而二, 二而一]"란 말이 그런 의미를 담고 있다.

우리가 (숨쉬며) 산다는 것은 나와 세계가, 당신과 세계가, 나와 당신이 실은 하나인데 둘로 드러나고, 동시에 각각 하나(즉, 둘)인 것 같지만 실은 하나라는 것을 보여준다. '하나이며 둘이고, 둘이며 하나'라니 이 무슨 '귀신이 곡할' 소리인가! 그래서 누구는 '산다는 게 무언지 모르겠다'고 하기도 하고, 또 어떤 사람은 '삶은 신비롭다'고 한다. 누구는 모르는 것처럼 말하는 것이고, 어떤 사람은 아는 듯이 말하는 것이다.

그런데 '모른다'는 말이나 '신비롭다'는 말은 모두 '신비롭기'는 마찬가지로, 헤프게 쓸 말은 아니다. '신비롭다'는 말의 속뜻은 모르겠다는 것이다. 무엇인가 느껴지고 알 듯 알 듯 하지만 결국은 '모르겠다'는 뜻이다. 그러니까 신비하다란 말을 쓸 때는 '아는 듯이(=모르고)' 이 말을 쓴다는 것을 꼭 알고 써야 한다. 또, '모른다'란 말도 그 속에는 모른다는 그것에 관해서 무엇인가를 '안다'는 뜻이 숨어 있다. 아무리 몰라도 최소한 '모르는 그것이 있다'는 것은 알고서야 쓸 수 있는 말이기 때문이다. 그럼에도 '모른다'는 말이야말로 아는 듯이 쓰면서 그것조차 모르기 십상이다. 그래서 알거나 모르거나 간에 신비롭다는 말을 자주 쓰나 보다.

우리 속담에 "모르면 약이요, 아는 것이 병"이란 말조차도 이 말을 알아야 약이 되는지 몰라야 약이 되는지 알기 어렵다. 이런 말을 그저 일상적으로 쓴다는 것은 우리 민족의 사유세계가 얼마나 깊은지를 여실히 보여준다. 그런데 '모른다'는 것마저 알기가 어려우니 안다는 것은 또 얼마나 어려운 것인지 모르겠다. 『도덕경 道德經』에 "알지 못함을 아는 게 으뜸이요, 앎을 모름은 병이다. 무릇 병을 병으로 알면 병이 아니다. 성인에게 병이 없는 것은 병을 병으로 알기에 병이 아닌 것이다"[13]라는 말이 있다. 앞의 속담과 그 깊이가 다를 바 없어 쉽사리 이해할 수 있는 말이 아니다. 그럼에도 '앎'과 '모름'의 깊이를 몰라서(?) 그러려니 싶지만, 또 무슨 말이든 다 그렇지만 각별히 이런 말은 모르는 듯이(=알고, 여기서야 말로 정말 알지 못함을 안다는 뜻이다) 써야 할 말인데 적지 않은 사람들이 이 말을 아는 듯이(=모르고) 인용하며 안다고 여기는 것 같다. 이 말을 마치 무슨 얄팍한 처세술이나 되는 듯이 '알면서 모르는 것처럼 하는 것이 상(책)이고, 모르면서 아는 체하는 것이 병'이라고 한다. 앎과 모름에 관한 노자의 말을 살펴보자.

"알지 못함을 아는 게 으뜸이다[知/不知, 上]." 우리는 아는 게 참으로 많다. 그런데 그 안다는 것을 가만히 들여다보면 한참 모른다는 것을 알게 된다. 호랑나비나 채송화, 가장 가까운 사람들, 심지어 나 자신조차 그렇다. 정말로, 안다는 게 모르는 것인 줄을 알게 된다. 그것이 앎의 본모습이다. 안다는 것을 둘러싸고 있는 알지 못하는 세계를 함께 보는 것이 아는 것의 본모습이다. 그렇다고 해서 안다는 게 무의미하다는 말은 아니다. 알며 알지 못함을 통해서 우리는 알지 못하는 세계를 맛보고, 또 알아가는 것이다. 사랑하는 사람을 생각해 보자. 무엇인가 알아야 사랑할 수 있다. 아무것도 모르면 얘깃거리가 없다. 그러나 단지 안다고 해서 사랑이 일어나는 것은 아니다. 거기 삶의 신비로움이, 알며 알지 못함이 함께 느껴져야 한다. 많이 안다고 해서 많이 사랑하게 되는 것도 아니다. 사실 아는 만큼 미워하기가 더 쉽다. 아는 만큼 모르는 세계가 다가와야 한다. 사랑은 아는 만큼 넓어지고 모르는 것을 느끼는 만큼 깊어진다. "(그런) 앎(=앎은 알지 못함을 짝한다는 앎)을 모름(=알지 못함)이 병이다[不知/知, 病]." '모른다'는 것은 문제될 것이 없다. 그것은 병이 아니다. 문제는 모른다고 하면서도 '뭘 모르는지'를 모르는 데 있다.

우리는 흔히 '아는 듯이' 살지만 십중팔구는 모르며 사는 것이다. 모르며 살지만 그것마저 또 모르기에 그냥 잘(?) 지내는지도 모른다. 우리말은 정말 깊다. '아는 듯이'란 말이 본래의 깊이대로 사용되면 그 뜻은 '알지도 못하면서 아는 체'가 아니라 '알기는 아는데 안다는 것이 아는 것보다 더 많은 모름과 짝하고 있음을 안다'는 의미이다. 정말 모르는 게 약인가? 앎과 모름은 상대적이기도 하지만 동시에 동반자이기도 하다. 성인은 그것을 모르지 않는다. "모르는 것을 (아는 것과 구분하지도 못하고, 또 무엇을 모르는지도 모르는 어리석음을 범하지 않고) 모르는 것으로 여기면[夫唯病病]", 그것은 모르는 것이 아니며 "따라서 병도 아니다[是以不病]." "모르는 것을 아는 것은 으뜸가는 것이다[知/不知, 上]." "그것조차 모르는 게 병이다[不知/知, 病]." "성인은 그런 병이 없다[聖人不病]." 잘 알아서도 아니고, 물론 몰라서도 아니다. 알고 모르고의 한계를 모르지 않기에[以其病病] 그 너머에 사는 사람이 성인이다.

이쯤이면 아마도 이 글을 읽고 계신 분들 중 적지 않은 분께서 "이 사람이 저는 마치 '아는 듯이(=모르고)' 말하고 있네!"라고 흉을 보실 것 같다. 민망하지만 그것은 사실이니 흉을 잡혀도 어쩔 수 없다. 내 스스로도 그것을 모르지 않는다. 그래서 지금이라도 허심탄회(虛心坦懷)하게 양해를 구해야 하겠다. 그래야 이 글을 계속할 수 있겠다.

'아는 듯이' 말해온 것은 내가 뻔뻔해서가 아니다. 지금 우리가 나누고 있는 이야기는 사실 알고 모르고를 넘어서 있는 것에 관한 것이다. 삶이란 끊임없이 변하는 것일 뿐만 아니라 나나 독자와 떼어놓을 수 있는 것도 아니다. 삶에서 떨어져 나올 수 있다면(만약 그런 일이 일어나면 나는 이미 죽은 목숨이고 더 이상 나라고 할 것도 없지만), 그렇게 하고도 내가 살아 있다면 삶에 대해 알거나 모르거나 하는 것이 가능할 것이다. 그러나 이때 살아 있는 내가 마주 대하게 되는 그 삶은 (이름만 삶이지 삶이 나와 함께 하는데 나와 떨어진 것이니) 이미 죽은 것이고, 따라서 삶도 아니다. 그래서 죽은 삶이 아니라 살아 있는 삶에 관해 이야기하자니 나도 어쩔 수 없이 '아는 듯이' 이렇게 하고 있다. 단지 독자와 나 피차(彼此) 이 점만 통한다면 그것만으로도 감지덕지(感之德之)하다!

오죽했으면 성인이라는 분들마저 '말로는 그 뜻을 다할 수 없어 상(象)을 보여주는 괘(卦)를 만들어 그 뜻을 밝히려 했고', "아는 사람은 말하지 않고, 말하는 사람은 모른다[知者不言, 言者不知]"[14]라고까지 했겠는가!

'앎'과 '모름' 또한 하나이며 둘이고, 둘이며 하나인 것이다. 삶이 신비로운 것처럼 앎이 신비이고 모름 또한 신비롭다. 아니 온 세상천지에 신비롭지 않은 것이 없다.

'--' '—' 두 종류의 부호를 세 개씩 사용해서 만들어낸 여덟 개의 단괘(單卦)는 바로 이런 알 수 없는 신비로움을 상징성을 통해 온전하게 담고 있다는 데 그 의미가 있다고 하겠다.

역철학의 기본 개념

역(易)

역철학이 '변화함'의 관점에서 우주만물을 이해한다는 것은 주지의 사실이다. 그리고 역철학은 우주만물의 변화를 생성변화(生成變化)의 두 요소, 즉 음(陰)과 양(陽)의 작용이라고 설명한다.

역(易)이란 모든 변화(變化)를 총괄하는 이름이고, 사계(四季)가 바뀌고 일월(日月)이 교차하고 만물이 끊임없이 이어지는 것 모두가 변화의 힘에 의하지 않는 것이 없다는 것이다. 전통적인 설명으로는 '역(易)', 다시 말해서 변화에는 본연(本

然)의 세 가지 성(性)이 있다고 말한다. 이것은 흔히 '역유삼의(易有三義)'라고 불리며, 이간(易簡)·변역(變易)·불역(不易)의 셋을 포함한다.

첫째, 이간(易簡, 이 때의 '易'는 쉬울 이)이란 변화함이 지닌 덕성(德性)에 관한 것으로 "건(乾)은 평이함으로써 (스스로 해야 할 바를) 알고, 곤(坤)은 간명함으로써 이룬다[乾以易知, 坤以簡能]"[15]란 말 중 '이(易)'자와 '간(簡)'자를 따다가 만든 말이다. 천지만물의 변화를 관찰하면 '하늘[天]'의 움직임은 어렵거나 복잡하게 꾸밈이 없으면서도 질서정연한 가운데 세상을 이끌어 가고, '땅[地]'은 알기 쉽게 변하는 하늘의 변화에 쓸데없는 노고 없이 그저 따름으로써 조화를 이루어 이룰 것을 이룬다. 모든 변화는 음양의 작용인데, 음양의 작용은 이처럼 쉽고[易] 간단하게[簡] 이루어진다는 말이다.

둘째, 변역(變易)이란, 말 그대로 현상세계의 끊임없는 변화를 뜻한다. 사계가 바뀌고 일월이 교차하는 가운데 만물이 변한다. 그런데 만물의 변화는 멋대로 일어나는 것이 아니라 일정한 법칙성에 따른다. 『주역』에 나오는 변화의 법칙성을 나타내는 말들로 '물극필반(物極必反, 사물은 궁극에 다다르면 도로 그전 상태로 돌아간다)' '종즉유시(終則有始, 끝나면 다시 시작이 있다)' '항구불이(恒久不已, 영원히 그치지 않는다)' 등등이 있다. 이 같은 법칙성을 따라 만물이 끊임없이 변한다는 것이다. 또, 이 같은 변화의 법칙성은 인사(人事)에도 그대로 적용되어 역철학적인 인생철학의 지침이 되기도 한다.

셋째로, 불역(不易)은 만물의 변화함이 하나의 사실이라면, 그런 변화 가운데 내재하는 불변성이 있음을 뜻한다.

불역에 대한 고전적 해석은 "하늘은 높고 땅은 낮으니 각기 그 작용[乾·坤]에 일정함이 있고, 그에 따라서 낮은 것과 높은 것이 늘어서니 귀한 것과 천한 것에도 자리가 있다[天尊地卑, 乾坤定矣. 卑高以陳, 貴賤位矣]"[16]란 말로부터 변화의 두 요소인 음과 양이 자신의 역할[位]을 바꾸지 않는다는 뜻으로 설명하는 데 그치고 있다. 부언하면 천지(天地)·군신(君臣)·부자(父子) 등의 관계에서 볼 때 어떤 상황이든 어떻게 변하든 하늘[天]의 하늘로서의 그리고 땅[地]의 땅으로서의 위치와 작용에는 '변함이 없다[不易]'는 뜻이다. 또, 어떤 경우에는 '항구불이(恒久不已)' '반복기도(反復其道)' '물극필반(物極必反)' '종즉유시(終則有始)' 등에서 드러나는 '변화의 법칙성이 보여주는 불변성[=不易]'을 불역에 포함시키기도 한다.

그러나 이 같은 고전적 해석만으로는 변화 가운데 내재하는 불변성[常性]이라는 불역의 의미가 뚜렷하게 드러나지 않는다. 논자는 불역의 의미를 두 측면에서 찾아야 한다고 본다. 하나는 앞에서 본 고전적 해석의 측면이다. 다른 하나는 전자와는 다른 각도에서 불역의 의미를 찾는 것으로, 변화하는 어떤 것에서 보이는 '변화하지 않는 정체성(正體性)'을 뜻하는 것이라고 일단 말할 수 있다.

역철학적 안목(眼目)에서 볼 때 변한다는 것은 신비롭기 짝이 없다. 세상에는 변하지 않는 것이 없다. 이것은 우리가 일상생활에서 늘 경험하는 것이다. 그럼에도 변화는 변화하지 않는 '상성(常性)'과 언제나 짝을 이루어 함께 드러난다. 이것 또한 우리가 일상생활에서 늘 경험하는 것이다. 우리가 사는 집이 그렇고, 자전거나 TV가 그렇다. 세월 따라 낡고 고물이 되어가지만(=변하지만) 이사를 가거나 바꾸지 않는 한 '같은' 집에 살고 '같은' 자전거를 타고 '같은' TV를 본다고 한다. 그렇게 살고 있는 나도 예외가 아니다. '지금의 나는 10년 전의 나와 비교해 많이 변했다'고 할 때, '변했다'는 말이 의미를 가질 수 있는 것은 '나라고 할 수 있는 어떤 것(동일성 혹은 정체성)'이 '내가 변하는 동안' 전혀 변하지 않았기 때문이다.

이런 관점에서의 불역의 의미는 '지위나 작용의 불변성'이나 '변화의 불변하는 법칙성'과는 다른 의미를 갖게 된다. 그것은 변화를 가능하게 하는 불변성으로서 보다 근본적인 의미를 지닌다고 할 수 있다. 이 같은 관점에서의 불역의 의미는 역철학에서 말하는 '태극(太極)'에서 선명하게 드러나는데, 이것이 불역(不易)의 진정한 의미라고 본다. 이에 관해서는 다음에 좀더 자세히 언급하도록 하겠다.

생(生)

역철학에서 말하는 생(生)의 의미는 사실 '변화[易]'라는 말과 다르지 않다. 굳이 차이를 찾으려 하면 변화란 용어가 비교적 기술적(記述的) 어감을 갖는 데 비해서 생(生)이란 용어는 가치(價値)를 함축한 용어라고 말할 수 있다.

역철학은 천지만물(天地萬物)을 그냥 있는 것이 아니라 변하면서 있는 것으로 여긴다. 그와 함께 '변하면서 있다'는 것을 '살아 있다' 또는 '살아간다'는 의미로 본다. 이것을 『주역』에 나오는 글 그대로 표현하면 바로 "생하고 생하는 것을 변화[易]라고 이른다[生生之謂易]!"[17]라는 말이다.

만물은 그것이 무엇이든지, 우리가 일상적으로 말하는 생명체는 물론이고 돌이나 책상, 연필, 시계, 안경 등등 모두 변하는 것이고 변한다[生生]. 그리고 변하기에 살아간다고 여긴다. 그러므로 역철학 안에서 어떤 것이 변한다는 말은 그것이 무엇이든 죽은 것이 아니라 산 것이란 뜻이고, 좀더 '생생(生生)'하게 표현하면 '그것이 살아간다'는 뜻이다.

여기서 우리는 『주역』에서 쓰고 있는 '생생(生生)'이란 말이 무슨 뜻인지 좀더 자세히 살펴볼 필요가 있다. 물론 바로 앞에서 이것을 '살아간다'라고 번역한 바 있다. 그런데 살아간다는 말을 역철학과 관련해서 사용할 때는 우리가 일상적으로 쓸 때의 의미와는 차이가 있다. 역철학에서의 생(生)은 당연히 '살다, 생존하다'라는 뜻을 포함하지만 그보다도 '드러나다 혹은 드러내다'는 뜻이다. '생(生)'자의 자원은 땅 밑에서 새싹이 돋아나는[출(出)] 모습을 그린 것이다. 출(出)은 '속에서 바깥으로 나타남' '나타내 보임'을 뜻한다. 다시 말해서 없던 것이 혹은 보이지 않던 것이 드러남을 뜻한다. 새싹은 '새로' 돋은(=드러난) 싹이다. 그런데 새싹이 돋아날 때는 한 번에 쑥 나오고 마는 것이 아니라 멈추지 않고 조금씩 조금씩 자라난다(=드러난다). 그렇게 멈추지 않고 지속해서 드러남이 생(生)이다. 그런데 드러나는 것은 예외 없이 새로운 것이다. 새롭지 않으면 (드러났는지 어쨌는지 알 수가 없으므로) 드러나지 않는다. 그래서 생(生)의 의미는 '(멈춤 없이) 드러나다' '새로워지다' '새롭게 드러나다' 등으로 이해하면 된다.

살아간다는 것은 자기를 드러내는 것인데 그냥은 드러낼 수 없으므로 무엇이든지 새로운 것을 통해 드러낸다. 그것이 바로 변한다는 것이다. 스스로 자각을 하든 하지 않든 우리 자신은 물론, 심지어는 의식 따위하고는 관계도 없을 물건들 -집, 자전거, 안경, 책, 돌덩어리 등등-조차 변한다. 곧 천하 만물은 하나의 예외도 없이 스스로를 (새롭게) 드러내며 그렇게 살아간다.

역철학에서 사용하는 생(生)의 의미가 어느 정도는 드러난 것처럼 보인다. 그럼에도 아직 많은 것이 감추어져 있다. 우선 드러나는 것은 새롭지 않은 것이 없다고 한 것에서, 새롭다는 의미를 밝힐 필요가 있다. 보통 우리는 봄에 싹이 돋고 잎이 무성해지고 꽃이 피는 과정에서는 새롭게 드러난다는 느낌을 받고, 또 그렇게 생각한다. 반면에 꽃이 시들어 떨어지고 물든 잎이 모두 떨어져 앙상한 가지만 남게 되는 과정에서는 새로운 모습을 느끼지도 않고, 또 그렇게 여기지도 않는다. 실패한 사람이 재기(再起)에 성공했을 때는 '새롭게' 재기했다고 하지만, 잘나가던 사람이 실패했을 때는 물론이고 실패를 거듭한 경우에도 결코 새롭게 실패했다고 하지 않는다. 그 까닭은 한쪽이 싱싱하게 살아가는 모습을 드러내는 반면 다른 한쪽은 시들어 죽어가는 모습으로 보기 때문이다. 죽어가는 모습에서 새로움을 느낀다면 무엇인지 모를 거북스러움이 있다. 그러나 싫다 좋다를 떠나서 있는 그대로의 삶을 알아야 비로소 제대로 살 수 있는 가능성이나마 열린다. 바로 그렇기에 역철학의 관점에 주목하지 않을 수 없다. 단적으로 말해서 역철학은 죽어가는 모습 또한 살아가는 과정이고, '새롭게' 드러나는 점에서 이 둘이 다르지 않다고 본다. 아기가 무럭무럭 자라나는 모습에서 새로움을 느끼듯이

나이 들어 흰 머리칼이 늘고 주름살이 깊어지는 데서도 아기가 자라나는 것과 다르지 않은 새로움이 드러난다는 것이다.

우리는 보통 죽음을 잊고 살거나 아니면 죽음을 두려워한다. 죽음은 삶과 동떨어진 삶의 저 너머에 있다고 여긴다. 그래서 성공하기를 바라고 실패는 두려워한다. 또, 성공은 좋은 것이고 실패는 나쁜 것으로 여긴다. 아마 그럴 것이다. 그렇다면 아직 '하나이며 둘이고, 둘이며 하나인' 역철학적인 삶의 세계와는 거리가 있는 것이다.

'흙에서 나왔다가 흙으로 돌아간다'고들 말한다. 물론 우리들 거의 모두는 어머니를 통해서 나왔다가 흙으로 돌아가지만 틀린 말은 아니다. 여기서 '흙'이 삶의 근원을 뜻하는 것이라고 해석한다고 해서 이의를 제기하는 사람은 없을 것이다. 흙(삶의 근원)에서 나오는 것을 사는 것이라고 하고 흙으로 돌아가는 것을 죽는 것이라고 한다. 우리도 다를 바 없지만 초목의 경우에는 더 잘 어울리는 말이다. "출생입사(出生入死, 나옴이 삶이요 들어감이 죽음이다)"란 말도 이 말과 다르지 않다.

말이 나온 김에 『도덕경』 제50장을 한번 짚고 넘어가자. 이 글에 도움도 되겠고 나도 시달리는 데서 벗어나고 싶어서이다. 노자가 회자(膾炙)되면서 '도대체 누구 말이 맞는 것이냐?'고 닦달한다. 그 답답한 심정을 모르는 바 아니지만 나

또한 답답하다. 내 대답이 어떤 것이든 그 답이 맞는지 틀린지를 또 누구에게 물어야 할 터이고, 결국 점점 의문만 커갈 것이 아닌가? 근원적인 물음에 관한 것은 다른 사람을 닦달한다고 해서 어떤 답이 나오는 것이 아님을 스스로 삶 안에서 배워야 할 것이다.

나옴이 삶이요 들어감이 죽음이다. 생기발랄(生氣潑剌)한 무리가 열에 셋이요, 죽어가는 무리가 열에 셋이요, 살지만 점점 죽어가는 쪽으로 기울어 가는 사람이 또한 열에 셋이다. 이는 무슨 까닭인가? 그 삶의 드러남이 두텁기 때문이다. 듣기에, 삶을 잘 다스리는 자는 뭍으로 다녀도 외뿔소나 범을 만나지 않고, 군에 들어가도 병기에 상하지 않는다. 외뿔소는 그 뿔로 받을 데가 없고, 범은 발톱으로 할퀼 데가 없고, 병기는 그 칼날을 댈 데가 없다. 이는 무슨 까닭인가? 그 죽음의 땅[死地]이 없기 때문이다.[18]

만물이 다 그렇지만 사람의 경우에 그 사는 모습을 보면 소년(少年)·청년이 열 중 셋이고, 중년·장년이 열 중 셋이고, 노년·말년이 열 중 셋이다. 사람들은 삶을 전체적으로 보지 못하고 부분적으로만 보기 때문에 나서 죽을 때까지가 삶의 전부라고 여긴다. 그나마 늙으면 사는 것으로 여기지 않기에 늙지 않으려 발버둥 치고 도로 젊어지려고 야단이다. 열에 아홉이 아니라 거의 모든 사람이 눈 뜬 봉사로 산다. 젊음이 언제까지나 머물러 있지 않을 텐데 그걸 모른다. 중·장년이 되어서 아는 듯싶지만 그렇지 못하다. 삶이 지나가는 것을 느끼면서도 오히려 붙잡아 두려고 혈안이 된다. 나이를 대신할 수 있다고 믿는 것들-돈, 명예, 권력 등등-에 매달린다. 노년에는 지나간 삶을 원망하며 아쉬워한다. '왜 좋은 날들을 흘려보냈을까?' 하며 삶을 또 흘려보낸다. 여기서 '좋은 날들'은 젊은 시절을 뜻하며, 이는 삶을 전체적으로 보지 못하고 오로지 젊음의 관점에서만 바라봄을 의미한다. 몸은 나이를 먹었지만 여전히 철부지와 다르지 않다. 늙는다는 게 마음대로 되는 일인가? 천지신명이 도와서 늙을 수 있고 아무도 빼앗을 수 없는 늙음이란 확실한 훈장까지 달고 있으니 얼마나 좋은가! 우리는 언제나 '오늘' 산다. 어제 사는 법도 없고 내일 사는 법도 없다. 오늘 잘 살면 내일이 오늘이 되어도 잘 산다. 어제에 매달려 오늘을 놓친다면 참 그렇다. 오늘 오늘을 잘 지내왔기에 늙음까지 맛볼 수 있는 것이 아닌가? 인생을 조금이라도 전체적으로 볼 수 있으면 모든 나이가 살 만한 좋은 오늘이다.

"저만 아는 사람"이란 말이 있다. 같은 뜻으로 "나밖에 모르는 사람"이란 말도 쓴다. 사람들은 잘 살려고 한다면서도 자기밖에 모른다. 내 삶이 가족과 이웃과 나아가 세상 전체와 한 덩어리라는 것을 그렇게도 모르며 산다. 그래서 마음의 울타리부터 수많은 울타리를 치고 갇혀서 산다. 삶은 공유하는 것인데 내 몫은 따로 있다고 믿고 조금이라도 큰 몫을 차지하려고 야단법석을 떤다. 얼추 컸지만 아직 뭘 모르는 또래가 혼자 큰 것처럼 어리석게 구는 모습이나 다를 바 없는데, 세상에 저 혼자서 큰다는 게 말이나 되는가? 한 치 앞도, 또 한 치 밖도 못 내다보며 살아간다. '그 삶의 드러남이 두텁기 때문'이란 바로 이를 두고 하는 말이다. "저만 아는(?) 사람"은 정말로 '자기'를 모르는 사람이다.

'출생입사'란 말을 다시 생각해 보자. 여기서 나온다는 의미는 초목이 그 삶의 근원인 땅에서 머리를 내미는 것이다. 그것은 자랄수록 더 내민다. 그게 삶이다. 그러다가 어느 때인지도 모르게 쇠하기 시작해 결국은 땅으로 돌아간다. 그게 죽음이다. 그런데 '나오고 들어간다[出入]'고는 하지만 그 나오고 들어감은 참 묘한 데가 있다. 나온다고 하지만 그 뿌리는 여전히 땅속에 (뿌리박고) 있다. 그러니 아주 떨어져 나오는 것과는 전혀 다른 의미이다. 나오긴 나오지만 동시에 나오는 것도 아니다. 정말로 떨어져 나오면 초목에게 있어 그것은 곧 죽음이다. 심지어 뿌리째 뽑힌 나무도 죽는다. 뿌리째 뽑히면 멀쩡해야 할 텐데 왜 죽을까? 삶의 근원인 땅에서 정말로 나오면 곧 죽음이기 때문이다. 들어간다는 말도 다르지 않다. 들어간다고 하지만 들어가는 것도 없다. 나오지도 않았는데 어떻게 들어갈 수 있겠는가?

우리의 삶도 다르지 않다. 드러난 모습만 보면 마치 혼자 사는 것 같지만 실은 삶의 근원과 떨어진 적이 없다. 만약 떨어진다면 있지도 않을 테니 죽을 리도 없다. 우리가 죽는다는 것은 드러난 삶이 다시 삶의 근원으로 들어간다는 말인데, 삶의 근원과 처음부터 떨어지지도 않았는데 어떻게 들어갈 수 있겠는가? 그럴 뿐만 아니라 삶의 근원으로 안 들어갈 수도 없다. 삶과 분리될 수 있어야 다시 삶으로 들어가거나 안 들어가는 것이 가능해질 텐데, 애당초 그런 일이 있을 수 없으니 더 말해서 무엇 하랴!

노자는 "삶을 잘 다스리는 사람은[善攝生者] 죽음의 땅[死地]이 없다"고 했다. 그렇다. 우리가 죽음이라고 여기는 것이 삶의 근원으로 들어가는(*앞에서 말했듯이 '나오지도 않고 들어가는' 묘한 의미에서) 것이기에 사지(死地)란 애초부터 있지 않다. 그런데 노자는 왜 열 중 아홉을 말한 뒤 열 중 남은 하나라고 말하지 않고 딴청을 부리듯이 '선섭생자'로 말을 돌렸을까? 그 이유는 '잘사는 사람[善攝生者]'은 드러난 모습으로만 보면 물론 '한' 사람이지만 노자의 안목으로 볼 때 그런 사람의 삶은 나머지 아홉 사람은 물론이고 살아 있는 모든 것과 하나로 사는 온전한 삶이다. 그런 사람을 다른 아홉과 같이 그저 하나로 꼽을 수는 없는 노릇이다. 그 하나는 아홉에다 보태면 열이 되는 하나가 아니라 삶 전체를 담는 하나이다. 노자가 딴청을 한 것이 아니라, 삶을 이야기하자니 그럴 수밖에 없었나 보다. 참! 삶만큼이나 노자 또한 신비롭다.

역철학에서의 생(生)의 의미는 사(死)와 대비되기도 하지만 출생입사란 말에서 보았듯이 사(死)와 이어지면서 사(死)를 그 안에 담는다. 그런 까닭에 '생사지위역(生死之謂易)'이라고 하지 않고 '생생지위역(生生之謂易)'이라고 한 것이다. 어떤 사람은 양생음살(陽生陰殺)이라고 말하면서 양은 생(生)하는 작용이고 음은 살(殺)하는 작용이라고 주장하기도 하지만 이는 겉모습만 본 것이다. 생이든 사든 모든 변화는 음양이 함께 작용하여 일어나는 것이고 생사가 나누어질 수 없듯이 음양 또한 그렇다. 겉으로 드러나는 '생과 사'의 대비를 넘어서서 생사가 그대로 하나인 생을 드러내는 데 역철학적 생의 생명이 있다.

생(生)과 덕(德)

만물은 변한다. 그런데 그 변화는 그저 변하는 것이 아니라 새롭게 드러나며 살아감이다. 우리들 또한 그렇다. 우리와 만물이 살아간다는 것은 곧 천지의 작용이 드러나는 것이다. 그런데 그 드러남이 드러나는 둥 마는 둥 하는 게 아니라 그리도 생생(生生)하다. 그리고 그렇게 새롭게 드러나는 삶은 약동(躍動)과 환희(歡喜)에 넘친다. 그래서 『주역』은 "삶이 천지의 크나큰 덕[天地之大德曰生!]"[19]이라고 칭송한다. 사실 우리는 『주역』의 도처에서 생(명)을 찬미하거나 만물을 화육(化育)하는 천지의 큰 덕을 예찬(禮讚)하는 글들을 볼 수 있다. 생명은 선하고 아름다우며 기쁨과 행복을 주는 축복이라는 것 등이 그런 글귀의 내용이고, 그러니 우리 모두 그와 같은 생명의 축복을 함께 누리자는 권유(勸諭)가 뒤따른다. 여기서 우리는 지금까지 역철학에 관해 나눠온 이야기를 방법을 달리해 상대해야 할 필요가 있다. 왜냐하면 이 때까지 해온 이야기들은 우리가 받아들이건 받아들이지 않건 간에 단지 듣기만 하면 되었지만, 덕(德)에 관한 것은 듣기만 해서는 그 의미조차 없고 내가 동참해야 할지 말아야 할지를 가려야 하기 때문이다. 게다가 한술 더 떠서 동참을 해야 비로소 동참을 할지 말지를 가려낼 수 있다고 우기기도 한다. 이럴 때, 우리는 다음과 같이 반문할 수 있다.

생명체의 삶은 물론이고 일반적으로는 단지 물질적인 변화로 여기는 것조차 생명의 발현으로 여기는 역철학의 해석을 받아들인다고 해도, 생명의 발현과 그저 일어나는 변화

간에는 무슨 차이가 있다고 생명예찬을 늘어놓는가? 생명을 예찬하는 만큼 변화를 예찬하면 다를 것이 없지 않은가? 생명은 예찬해도 변화는 예찬해서는 안 되는 법이라도 있단 말인가? 또한, 천지의 작용으로 인간을 포함하여 만물이 생명의 근원으로부터 생명을 받아서 한세상 살다가 가는 것이 도대체 무슨 대수로운 일인가? 천지의 작용을 덕으로 여기고 안 여기고가 무슨 큰 차이라도 있단 말인가? 생명이, 다시 말해서 삶이 왜 축복이란 말인가?

단적으로 말해서 이런 질문에 대한 직접적인 답은 『주역』 어디에도 없다. 물론 나 또한 답은 없다. 그렇다고 할 말이 아주 없는 것은 아니다. 목욕물이 차가운지 뜨거운지는 손이든 발이든 담가보아야 알 수 있다. 남의 말을 들어서는 정말 모른다. 심지어 아버지의 말씀이라도 믿어서는 안 된다. '어, 시원하다!'란 말씀을 믿고 들어갔다가 놀라서 뛰쳐나온 경험은 누구나 있을 법하다. 그리고 그런 산 경험이 있는 사람이면 삶이 축복인지 아닌지는 축복을 느낄 수 있는 삶을 살아보아야 비로소 말이 된다는 것을 부인하지 않을 것이다. 아버지와 함께 한 어린 시절의 작은 추억이 지금 나이가 들어 '삶이 무엇인가?'라는 심각한 문제를 다루고 있을 때 느닷없이 튀어나와 도움이 될 줄을 그 때는 꿈에서라도 알았을까? 아버지를 따라가서 놀랐던 일이 지금에 와서 삶의 기쁨을 깨

닫게 하는 축복이 될지를 그 때는 눈곱만큼이라도 눈치 챘을까! 지금 그 일을 떠올리며 웃음이 절로 나오는 분은 삶이 축복이다. 그 축복을 맛봄이 바로 단순한 변화를 생명의 발현으로 탈바꿈시키는 것이고 이런 축복 안에서 절로 삶을 예찬하게 된다. '이런 축복을 주신 아버지와, 아버지와 함께 나를 낳고 키우신 어머니는 바로 천지와 그 덕을 함께 하시는 것이다[夫大人者, 與天地合其德]!'[20] 그 때는 부모님이 삶을 축복해 주시는 그처럼 위대한 분[大人]인 줄을 몰랐었지만 이제는 아버지와 함께 한 목욕이 그처럼 운명적인 일이었음을 독자들과 함께 느낄 수 있을 것 같다. 이럴 때마저 삶 속에, 축복 속에 어버님이 함께 (살아) 계심을 느낄 수 없다면 인생이 비극이다. 뿌리를 느낄 수 없는 삶은 죽은 것과 다르지 않다. 그저 스쳐 지나가는 듯한 작은 일조차 이럴진대 삶 전체는 얼마나 큰 축복이겠는가! 지금 그렇다고 수긍을 못하시는 분은 언짢아하실 일이 아니라 아이와 자주 목욕을 하셔야 한다. 그리하여 어느 날 그 아이가 축복인 줄도 모르고 기겁을 하며 아버지(어머니)를 원망하게 하시라. 그날이 아이와 함께 축복받는 날이 아니겠는가? 물론 우스갯소리처럼 어린아이 소견에 '정말 세상에 믿을 놈 하나 없다!'란 생각이 들 수도 있다. 그러나 세월이 흘러 어느 날 자신이 뜨거운 물에 몸을 담그고 있다가 '어, 시원하다!'란 소리가 절로 나올 때에, 옛일이 떠올라 웃음이 나오면 그 또한 축복이 아니겠는가?

삶이 축복인지 어떤지를 가려내는 것은 전적으로 각자의 몫이다. 각자 자신의 삶 속에서 그 맛을 찾아내야 비로소 온전한 삶이라고 할 수 있다. 어느 무엇도 대신할 수 없기에 모든 '나'의 삶이 그만큼 소중하다. 삶은 각각의 나를 통해서만 삶의 그 오묘함을 드러낸다. 내가 나의 몫을 사는 동안 이웃하는 수많은 다른 '나'들과 함께 그 오묘함을 드러내고 맛보며 누리는 것이다. 그 몫을 각자에게 맡겨놓은 것 또한 신비로운 축복이 아닐 수 없다. 그 신비를 캐어내기 위하여 역철학 안으로 좀더 들어가 보자.

태극(太極)·도(道)·양의(兩儀)[=음양(陰陽)]

태극(太極)·도(道)·양의(兩儀)[21] 이 셋을 함께 다루는 것은 이 셋의 개념이 서로 불가분의 관계를 맺고 있다고 보기 때문이다. 또, 앞에서 팔괘(八卦)와 달의 모양을 비교한 이유도, 달의 모양과 비교하면서 팔괘의 의미를 찾으면 비교적 쉽게 이 셋의 개념에 접근할 수 있기 때문이다. 「그림 2」를 보며 이 셋의 의미를 살펴보겠다.

달을 관찰하면 규칙적으로 그 모양이 변한다. 그 이유는 달의 밝은 면이 커졌다 작아졌다 하기 때문이다. 눈에 보이는 달의 밝은 면을 통해 눈에 보이지 않는 달의 어두운 면까지 보게 되는 데서 역철학이 시작된다고 할 수 있다. 다시 말해 (눈에 보이는) 달이 없는 합삭(合朔)에서 초승달이 되고 상현달 그리고 보름달이 되었다가 일그러지기 시작해 하현달이 되고 다시 합삭이 되는 과정을 반복해 관찰하는 동안, 달의 모양이 어떻게 변하든 달은 언제나 둥근 것이라는 숨은 사실을 새롭게 알게 된다. 즉, 달에 (눈에 보이지 않는) 어두운 면이 있다는 것을 알게 되는 것이다. 달의 모양은 이 두 요소[兩儀, 밝은 면과 어두운 면]에 의해 변하고 또 변하지만, 눈에 들어오는 모양이 어떻든 달 전체의 모양은 두 요소가 합쳐져 언제나 하나의 원을 이룬다. 이 원은 당연히 보름달에도 함께 있지만 단순하게 눈에 보이는 보름달의 원과는 다른 것이다. 보름달은 드러난 면[陽]만 눈에 보이는 것이고, 이 원은 보름달이 나타내는 밝은 원과 그 배후에 있는 눈에 보이지 않는 다른 하나의 요소, 즉 음(陰)이 합쳐진 원이다. 이 원은 역철학의 눈을 통해서 보이는 원이며, 역철학의 눈은 달이 전혀 보이지 않는 합삭에도 (본래 보이지 않는) 음과 (비록 음에 가려져 보이지는 않으나 틀림없이 숨어 있는) 양이 함께 합쳐진 (보통의 눈으로는 꿈에서도 볼 수 없는) 이 원을 본다.

역철학의 관점에서 드러나는 이 원을 태극이라고 할 수 있다. 이 원은 달의 모양이 어떻든지 (심지어 보름달인 경우에도 예외가 아니게) 언제나 모습을 감추어 드러나지는 않으나 달의 모양과 관계없이 항상 온전한 원이다. 이 원은 음양의 변화에도 불구하고 언제나 하나의 원으로서 일성(一性), 통일성, 온전성(穩全性) 등을 지닌다. 이와 같은 이 원이 지니는 불변성은 앞에서 언급한 역이 갖는 셋의 본성[易有三義] 중에서 '불역'이 뜻하는 상성(常性)의 의미라고 할 수 있다.

음양은 태극이 스스로의 모습은 숨기면서도 그 작용을 드러내는 법식이다[易有太極, 是生兩儀]. 음양이 변함에 따라서 달의 모양도 변한다. 달의 모양은 끊임없이 변하지만 그렇다고 제멋대로 변하는 것이 아니라 일정한 법칙이 있다. 그 법칙이 달이 좇아가는 길이고, 이 길을 도(道)라고 부른다. 이 길에서 가장 분명하게 드러나는 규칙성은 초승달로부터 달이 점점 자라나 보름달이 됐다가 다시 점점 밝은 부분이 줄어들어 (상대적으로 어두운 면은 점점 커져) 결국 완전히 보이지 않게 되고, 또다시 초승달이 생기어 커가는 과정을 반복하는 것이다[反復其道].

『주역』에서는 이것을 "한 번 어두워졌다가 한 번 밝아졌다가 하는 것을 도라고 이른다[一陰一陽之謂道]"[22] 고 한다. 도(道)에 관한 이야기를 시작하면 끝이 없을 것 같다. 제2부 『중용 中庸』에서 이를 좀더 살펴보기로 하고, 여기서는 태극

(太極)에 힘을 쏟자.

역(易, 변화)에 있어서 태극(太極)·도(道)·양의(兩儀)는 이처럼 불가분의 관계를 갖고 있다. 음양의 작용에 의해 변화가 드러난다. 그리고 그 변화를 통해서 변화의 규칙성이 드러나는데 그것이 곧 도이다. 또, 도에 따라서 규칙적으로 이어지는 변화를 통해서, 변화 속에 내재한 상성(常性)이 드러나는데, 그것이 태극(太極)이다. 태극은 변화하지 않기 때문에 스스로를 드러내지 않지만 변화를 이끌어 간다. 여기서 태극이 지니는 의미를 조금 엿보기로 하자.

말했듯이 태극은 드러나는 것이 아니라서 볼 수도 없거니와 더더욱 보여줄 수 없는 세계이다. 나는 이(?) 태극을 그릴 때 점선으로 된 원을 그린다. 태극이 '살아 있는 모두'를 의미한다면 그보다 생생하고 분명할 수 없는데 어째서 점선으로 나타내는 것인가? 이유는 '살아 있는 모두'의 시작과 끝이 없어서이다. 무엇을 그리려면 그것과 그것 아닌 것의 경계를 보여주면 된다. 호수(湖水)를 그리려면 호수와 함께 호수를 감싸고 있는 들이나 산도 함께 그려야 비로소 호수가 드러난다. 그저 물만 그려 놓으면 그것이 호수인지 강 한가운데인지 혹은 바다 한가운데인지 알 수가 없다. 그런데 '살아 있는 모두'인 태극은 그런 경계가 없다. 태극 밖에 무엇이라도 (살아) 있다면 그것과의 경계를 보여주면 되겠지만, 그것이 무엇이든

(살아) 있다면 그것은 이미 태극 안(?)에 있다. 태극과 경계 지을 수 있는 것은 '(아무 것도) 없음[無]'뿐이다. 그래서 태극의 밖은 없음인데, 없음은 없음이므로 태극은 '밖'이 없고 따라서 '안'이라는 말도 붙일 수 없다. 경계가 없으니 당연히 안팎도 없고, 그러니 그릴 수 없는 것은 물론이고, 사실 볼 수도 없고 알 수조차 없다.

그런데 그림이라니? 그림은 있는 것을, 아주 작은 것이라도 (예를 들어 개미 한 마리라도) 그것의 전부를 보여줄 수는 없다. 하지만 직접 보더라도 보기 어려운 숨어 있는 것들을 담아서 드러내기도 한다. 점선으로 그려진 원은 점선이라는 점에서 무엇이 있음을 보여주지만 그 끝이 없음을, 동시에 원이라는 점을 빌려서 일성(一性)과 온전성을 담고 있다. '이 원'[*이렇게 부르는 것도 안 될 일이다. 왜냐하면 이렇게 부르려면 이 원 밖에 있어야 하는데, 이 원 밖에 있을 수 있는 것은 아무것도 없다]은 그 끝이 없기에 '끝 중의 끝[태극(太極)]'이라고도 해보고 '끝이 없는 끝[무극(無極)]'이라고 해보지만, 그런 이름 또한 글로 그린 그림일 뿐이니 그 안에 담긴 뜻을 얻으면 잊어도 그만이다[득의망언(得意忘言)][*이런 말을 기억해 쓰는 것이 치명적일 수 있다는 것을 모르지 않지만 때로는 독약이 양약(良藥)이 될 수도 있기에 써본다]. 하여튼 지금부터는 조금은 편한 마음으로 태극이란 말을 써도 될 것 같다.

태극의 세계를 더듬어(?) 그 맛을 보기 전에 우선 다짐하려는 것은 태극이 결코 상상이나 가상의 세계가 아니라 '있는 모두'의 실재(實在)하는 세계란 점이다. 아쉽지만 그것을 증명할 길은 없다. 그것을 증명하려고 동원해야 할 모든 (있는) 것이 오히려 태극에 의존하기 때문이다. 증명이 안 된다는 것은 오히려 그것이 (증명 따위가 필요하지도 않고 통하지도 않는) 궁극적 실재라는 뜻이지 그 실제성(實際性)이 의심스럽다는 의미가 아니다.

태극을 말할 때 전통적으로는 '있는 모두'의 세계로서의 통체태극(統體太極)과 '개별적으로 있는 것'으로서의 각구태극(各具太極)을 구분하기도 한다. 모든 살아 있는 것들은 그것들이 끊임없이 새로워짐에도(변화함에도) 그것으로 살아가는 한 그것으로의 일성(一性)과 정체성(正體性)을 잃지 않는다. 이것을 하나하나의 개별물들이 갖고 있는 태극이라는 의미에서 각구태극(各具太極)이라 부르며 '하나의 어떤 것마다 하나의 태극이 있다'는 뜻이기에 물물일태극(物物一太極)이라고도 한다. 그리고 개별물에서 드러나는 태극이므로 작은 태극[小太極]이라고 부르기도 한다. 개별물에서 드러나기에 비록 '작은' 태극[小太極]이라고 하여 태극과 구분하기는 하나 그 성품은 태극과 다름이 없다. 만물이 제각기 살아가며 드러내는 일성과 정체성은 태극의 그것과 조금도 다름이 없이 그대로가 신비이고, 신성(神性)이다. 또 하나, 사실 태극은 대소(大小)를 붙일 수 없다. 태극은 안팎이 없다고 했는데 도대체 '크다' '작다'라는 말을 어디에다 붙이겠는가? 편의상 쓴다고는 하지만 쓰는 쪽이나 듣는 쪽 모두 오해하기가 십상이다. 나는 (소)태극을 나타낼 때도 태극과 똑같이 점선으로 원을 그리는데 결코 더 작게 그리지는 않는다. 왜 그렇게 하는지는 곧 이야기하기로 하고, 이쯤 해서 '조금(?) 꽤(?) 형이상학적'인 이야기는 그만하고 실제로 태극의 맛을(?) 보기로 하자.

살다가 절로 숨이 딱 멎는 일이 일어난다

34년 전 그 해 늦가을, 첫 추위가 찾아온 설악에 어둠이 짙어가고 있었다. 나는 죽는다는 무서움뿐이었다. 부지런히 가면 해 떨어지기 전에 산장에 닿을 것이라는 말을 해준 하산객이 마지막으로 만난 사람이었다. 그리고 며칠 동안 겹겹이 쌓인 피로를 느낄 겨를도 없이, 어제 내린 눈으로 질퍽하다 다시 굳어져 가는 산길과 한 시간이 훌쩍 넘게 사투를 벌였지만 산장은 나오지 않았다. 겨울용 야영장비가 없는 나는 산장을 찾지 못하면 죽은 목숨이었다. 그렇지만 기진맥진한 나는 이제 더 이상 할 수 있는 일이 없었다. 며칠분의 식량도 부질없는 것이었다. "먹고 죽은 귀신은 때깔도 곱다"는데, 이것저것 떠올리다 낙산사에서 얻은 배를 꺼내들었다. '이게 마지막이로구나!'라고 느끼니 한숨이 절로 나왔다. 그때 무엇인가 눈에 들어왔다. 사라져 가는 마지막 그림자를 더듬었다. 사람이다! 여인이다! 나는 숨이 멎었다. 여인의 모습 뒤로 어슴푸레 산장이 보였다. 살았다!

그때, 숨은 멎었고 어둠 속에 여인의 모습이 있었다! 오직 여인의 모습이 전부였다. 다른 모든 것은 그 빛으로 사라져버렸다. 나도 없었다. '살아 있음'의 위대함만 가득했다.

살다가 어떤 것과 온전히 맞닥뜨리는 수가 있다. 그것이 여인일 수도, 이름 모를 작은 들꽃일 수도, 혹은 처마 끝에서 똑똑 떨어지는 물소리일 수도 있다. '그것(?)'과 하나가 될 때 숨이 멎는다. 참 기가 막힌다. 숨이 멎다니? 생각으로는 갈 수 없는 (태극의) 세계를 몸은 저절로 간다. 어떤 것과 하나가 될 때, 사실 '그것'은 이미 사라지고 (그것의) (소)태극 맛을 보는 것이다. 그 맛은 그것의 드러나 있는 정체성['그' 분, '이' 한 포기 들꽃, '이' 물소리]을 넘어서 그 정체성을 드러나게 한 삶의 근원이다. 하나가 될 때 나는 사라진다. 내가 사라졌을 때 거기 (남아) '있는 것(?)'은 그것이 아니라 '있는 모두(태극)'이다. '숨'은 내가 나 아닌 살아 있는 것과 별개의 것이 아니라 서로 통하고 있는 하나라는 것을 가장 분명하게 보여준다. 내가 사라져 하나일 때 통할 일이 없다. 나도 없고 (나의) 숨도 없다. 사람이 빵만으로 사는 것은 아니다. 하여 빵도 먹어야 한다. 그것이 나의 삶이다. 하나가 되면 (나의) 숨은 절로 멎을 테지만, 지금은 숨을 안 쉴 수 없다. 그러니 지금은 숨을 쉬면서 숨죽은 듯이 그 맛을 조금이나마 보는 것이다. '하나이며 둘이고, 둘이며 하나인' 삶의 (알 수 없는) 신비가 신비롭기만 하다.

손가락을 통해 달을 바라보기

역철학에서 바라보는 세계는 살아 움직이며 변화하는 세계이다. 그 변화하는 세계의 이면에는 고요하고 불변하는 태극이 있다. 움직이고 변화하는 것은 태극의 드러남이며[*물론 스스로 드러나는 것이 아니라 개개의 사는 것들을 드러냄으로써], 그 끊임없고 새로운 드러남이 삶이다. 삶은 드러남이며 그 드러나는 법칙이, 다시 말해서 드러나는 길이 '도(道)'이다. 그 길[道]은 음양으로 하여금 조화를 이루며 그 역할을 다하도록 한다. 음양의 조화, 즉 변화함[易]은 바로 생명의 흐름이며, 생명의 흐름은 곧 축복이다.

괘(卦)는 변화함과 (변화하지 않는) 변화의 주체를 동시에 드러내 보인다. 그와 함께 상징적으로 사물의 상을 나타냄으로써 역철학의 길을 통해 '있는 그대로의 세계'로 들어가는 문을 열어준다. 그러나 태극·도·양의(兩儀)를 모두 내면에 담고 있다고는 하나, 괘(卦)는 사물을 그려놓은 상(象)일 뿐이다. 다시 말해서, 그것은 달을 가리키는 손가락일 뿐 결코 달이 될 수는 없다. 괘를 볼 때 마치 달을 가리키는 손가락을 보듯이 보아야 한다. 손가락은 단지 달을 가리키는 손가락일 뿐이다. 손가락을 그렇게 보면, 그것은 손가락을 옳게 제대로 보는 것이며, 그와 함께 손가락이 가리키는 달도 볼 수 있는 가능성이 열린다. 괘가 드러내 보이는 것을 모두 보는 것조차 쉬운 일이 아니겠지만, 괘는 괘에 그치는 것이다. 우선 그 점을 분명히 하고 괘의 진면목을 볼 때, 우리는 그 괘가 가리키는 사물의 있는 그대로의 모습도 대할 수 있을 것이다. 아니, 사물의 있는 그대로의 모습을 대하게(?) 될 때에 비로소 우리는 태극·도·양의의 참된 의미를 접할 수 있을 것이다. 그러니 숨죽은 듯이 세상과 맞닥뜨리는 것이 급선무이다.

제2부 『중용 中庸』

잔잔한 삶, 깊은 미소

『중용』의 문으로 들어가며

잔잔하고 나지막한 소리를 찾아

큰 바위들은 모두 제 나름대로의 모습을 하고 있다. 그리고 바위마다 모습은 다르지만 한결같이 주는 느낌이 있다. 오랜 세월 동안 비, 바람, 서리, 여름의 뜨거운 햇볕과 겨울의 모진 추위를 견뎌온 묵묵한 장중함과 함께, 큰 바위들은 저마다 부드러움이 있다. 큰 바위, 오래된 큰 바위는 세월과 풍상(風霜)을 이겨냈노라고 큰소리치지 않는다. 오히려 세월을 통해 다듬어지며 비로소 모습을 찾아가는 듯이 말이 없다.

『중용 中庸』은 삶에 대한 유가철학(儒家哲學)의 토로(吐露)

이다. 자사(子思)가 할아버지인 공자(孔子)를 통해 이어받은 유가적 삶의 온전한 길이 세월의 흐름에 따라서 퇴색하고 변색되는 것을 걱정하여, 그 올바름을 후세에 전하고자 지은 책이 바로 이것이다.[23)]

가르침의 주고받음이 오랜 세월을 통하여 이루어진 만큼 『중용』이 주는 느낌 또한 큰 바위의 그것과 다르지 않다. 『중용』에 담겨 있는 말들은 대중을 열광시키는 힘에 넘치는 외침이 아니다. 아니, 『중용』은 오히려 대중을 열광시키기를 거부한다. 삶은 이 세상에 있는 모든 것들과 함께 이루어진다고 보는 것이 유가의 세계관이기에 유가의 관심과 사랑이 온 세상 사람과 만물 모두에게 미치는 것은 더 말할 필요가 없다. 때문에 유가의 온전한 삶은 천지만물과 조화를 이루는 것이지만, 그렇다고 해서 그 삶이 결코 대중적인 것은 아니다. 남들 사는 대로 남들 가는 대로 그냥저냥 따라가며 사는 삶은, 설사 그런 삶이 그런대로 별 탈이 없다고 하더라도 유가의 온전한 삶이 되지는 못한다. 자기가 가야 할 길을 스스로 찾아가는 데서 유가의 삶은 비로소 의미를 가질 수 있다. 그 삶의 중심에는 내면의 깨어 있음으로부터 연유하는 홀로 있음이 엄연히 자리잡고 있다. 스스로 깨어 있지 않은 삶은 온전한 삶이 아니다. 『논어 論語』의 한 구절이 이것을 말해준다.

공자가 말했다. "된 사람은 (사람들과) 화목하나 무리 짓지는 않고, 덜된 사람은 무리 지으나 화목하지는 않는다."[24)]

『중용』의 가르침은 스스로 제 갈 길을 가는 사람의 내면에서 울리는 소리이다. 이는 온전한 삶의 길을 애써 찾고 있는 사람이 아니면 들을 수 없는 잔잔하고 나지막한 소리이다. 그래서 이 『중용』의 소리를 들으려면 가까이 다가가 귀를 기울여야 한다. 그 소리는 낮고, 또 크지도 않지만, 그 떨림에는 천고(千古)의 세월이 배어 있는 듯한 장중함이 있다. 날카롭지 않고 부드러워서 폐부를 찌르지는 않지만, 자신도 모르는 사이에 슬며시 스며들어 마음에 잔잔한 메아리를 일으키는 소리이다.

이 글을 통해 『중용』의 '그런 소리'를 독자들과 함께 들으려 한다. 『중용』이 지닌 연륜의 무게를 받아들여 담담하게 그 소리를 느낄 수 있다면, 이 또한 『중용』을 이해하는 나무랄 수 없는 하나의 길이 아니겠는가!

사람으로서 살아가는 길[人之道]

『중용』은 유가(儒家)의 인생철학(人生哲學)으로서 그것을 밑받침하는 『주역』의 역철학(易哲學)과 함께 유가철학의 체계를 이룬다. 다시 말해서 역철학에서 밝히고 있는 존재관과 세계관의 토대 위에서 삶의 의미를 맛보며 그 길을 가는 사람, 곧 '된 사람[군자(君子)]'의 이야기를 담은 것이 『중용』이다. 비유해서 말하면 『중용』은 바다 위에 떠 있는 빙산의 드러난 부분이고, 역철학은 바다에 잠겨서 보이지 않는 부분이라고 할 수 있다. 물론 빙산의 드러난 부분과 숨어 있는 부분이 두 개의 빙산을 뜻하는 것은 아니고 그 전체가 하나의 빙산을 이루듯 『중용』과 『주역』의 역철학의 관계 또한 그렇다. 때문에 『중용』을 이해하기 위해서는 역철학의 기본적인 내용을 함께 알아야 한다. 아주 간략하게 역철학을 다시 간추려 보면 다음과 같다.

역철학에서는 세상의 모든 것을 "변한다[易]"라는 관점에서 파악한다. 모든 것은 쉼 없이 변하는데 아무런 의미 없이 변하는 것이 아니라 변화가 갖고 있는 깊은 뜻이 있다고 본다. 그것은 다름 아닌 '새로움'이다. 모든 것은 늘 변한다. 다시 말하면, 끊임없이 새로워지는데 그 새로워짐이 바로 역철학에서 보는 변화의 본질이다. 『주역』에서는 그것을 "생생함을 변화함이라고 한다[生生之謂易]"[25] 고 말한다. 그리고 그 생생함, 다시 말해서 새로워짐, 삶, 생명을 하늘이 주는 선물로 여긴다. 그것도 보통의 선물이 아니라 가장 좋은 선물로 받아들인다. "천지의 지대한 덕(德)을 생(生)이라고 이른다[天地

之大德曰生]"[26]라는 말이 바로 그런 뜻이다. 그런데 생명(生命), 삶, 새로워짐이 아무렇게나 해도 하늘의 선물이 되는 것은 아니다. 삶이 하늘의 선물이 되기 위해서는 하늘이 움직이는 일정한 법칙에 따라서 새로워져야 한다.

하늘이 운행하는 법칙을 역철학에서 '도(道)'라고 하는데, 그 '도(道)'는 밤과 낮의 이어짐이나 봄·여름·가을·겨울의 순환, 달의 차고 이지러짐 등등 삼라만상을 통해서 그 작용을 드러낸다. 그리고 사람을 포함해서 세상에 있는 모든 것들은 그 법칙에 따라 변할 때 비로소 온전한 의미의 생생함·새로워짐·삶·생명(生命)을 누릴 수 있다.

대자연의 질서와 조화를 통해서 유가의 선각자들은 '도(道)'의 위대함과 소중함을 알았고 도(道)에 삶을 의탁하는 것이 사람으로서 살아가는 길[人之道]이라고 깨달았다. 그리고 그렇게 사는 삶을 통해서 다시 삶의 생생함, 삶의 새로움을 맛보고 생명이 하늘의 선물임을 깨닫는다.

> 한번 음하고 한번 양함이 도(道)다. 그것을 따르는 것이 선(善)이요, 그것을 이루는 것이 성(性)이다[一陰一陽之謂道, 繼之者善也, 成之者性也].[27]

한번 음하고 한번 양함이 천지가 운행하는 법칙인데[도

(道)], 그 도에 맞추어 따라감이 올바름이고 그 올바름을 이루는 것이 개개 생명체의 본성이라는 말이다. 지금까지 이야기한 것이 역철학의 기본적인 내용이다. 말할 필요도 없이 그 안에는 아직 짚어보아야 할 많은 문제들이 있지만 여기서는 그냥 넘어가기로 한다. 또, 앞으로 이야기하게 될 『중용』의 내용 중에도 꼼꼼하게 따져보아야 할 문제들을 그냥 지나치는 경우를 만나게 될 것이다. 그 이유는 이 글의 목적이 우선 『중용』의 이야기를 담담히 들어보고 그 이야기를 하는 사람의 삶이 어떠했는지를 느껴보려는 데 있기 때문이다. 우선 골격을 찾은 다음에, 세세히 따질 것은 그 후에 천천히 따져도 늦지 않을 것이다.[28)]

된 사람[君子]의 삶

산과 바다, 강과 들이 있는 땅에 우리가 살고 있다. 이 땅은 봄·여름·가을·겨울의 네 철이 뚜렷해 철마다 천지의 조화가 온 누리에 드러난다. 철따라 산천초목이 변해가듯 우리네 삶도 철과 더불어 모습이 바뀐다. 우리도 철에 맞추어 옷을 갈아입는다. 다시 철이 바뀌면 또 옷을 갈아입고……. 하지만 그렇다고 우리가 다른 사람이 되는 것은 아니다. 우리들의 일상의 살림살이는 늘 그런 모습이다. 철부지가 아닌 바에야 그런 것을 모를 사람이 있겠는가?

그런데 『중용』의 이야기는 바로 그런 삶의 모습을 담고 있다. 늘 그렇게 있는 바다와 산, 강과 들, 변함없이 되풀이되는 사시사철, 밥 먹고, 일하고, 잠자고……. '중용'은 단조롭게 이어지는 '일상의 변함없는 삶에서 제 갈 길을 바로 간다'는 뜻이다. 그렇기 때문에 『중용』의 이야기는 우리들의 관심을 끌지 못한다. 그것은 우리들이 앞 다투어 찾고 있는, 요즈음 유행하는 말대로 '돈 되는 따끈따끈한 정보'도 아니고 '튀는' 이야기도 아니고 일상을 벗어나 세상을 떠들썩하게 만드는 흥미진진한 각종 '스캔들'도 아니다. 그것은 모르는 사람이 아무도 없을 것 같은, 늘 그렇게 살고 있는 우리네 삶의 이야기이다. 그래서 그것은 우리들의 관심 안으로 들어오지 못한다. 바보가 아니라면 왜 그런 이야기에 귀를 기울이겠는가? 그렇지만 조금만 주의를 기울여 보면 일상의 이야기에 귀 기울이는 것이 결코 바보스럽지 않다는 것이 금방 드러난다. 왜냐하면 일상을 벗어났다가 일상으로 돌아오는 것마저 우리들의 일상이고, 그 일상이 우리들의 삶이기 때문이다. 그래도 여전히 '바보스럽게' 생각된다면, 그런 분은 죄송하지만 반드시 『중용』의 이야기에 귀를 기울여야 한다. 세상에 자신이 바보라는 것을 아는 바보가 있을까?

'늘 그런 삶의 제 갈 길'이란 말을 들여다보면 참 이상한 구석이 적지 않다. 우선 늘 그런 삶에 도대체 '갈 길'이라는 말이 어울리지 않는다. 늘 그런 삶인데 따로 무슨 '갈 길'이 있겠는가? 그 길이 그 길이고 늘 가는 길이기에 말이다. 또

'제 갈 길'이란 말도 이상하다. 너 나 할 것 없이 모두 다 늘 그렇게 사는데 도대체 '제 갈 길'이라는 것이 따로 있겠는가? 이렇게 질문을 던지고 보면 정말 우리들의 일상적인 삶에 대해 무엇인가 다시 생각해야 할 여지가 있다고 느껴진다. 우리들의 삶이 다 그렇고 그런 삶이지만, 그럼에도 그 안에 '제 삶'이 있고, 또 제 삶이 매일매일 되풀이되는 그게 그것인 삶이지만 그 안에도 할 일·못할 일이 있고 갈 길·못 갈 길이 있음이 분명하다. 그렇다면 할 일·갈 길을 제대로 하고 제대로 가야 하지 않겠는가? 도대체 제 삶에, 또 제 삶의 길에 관심을 갖지 않을 사람이 있겠는가? 있기는 있다. 아주 바보이거나 무심(無心)한 사람[*깨달은 사람]! 우리가 그 안에 들지 않는다면 이 이야기를 계속하자.

아득한 세월을 여기 그렇게 자리잡아 온 산·바다·강·들, 매일매일 이어지는 새벽·낮·저녁·밤, 해마다 되풀이되는 봄·여름·가을·겨울, 그리고 그것들과 어우러져 흘러가는 우리들의 삶 또한 늘 그런 것이지만, 늘 그런 가운데 스스로 새록새록 새로움을 맛볼 수 있어야 정말 사는 것이 아닐까! 그것이 바로 '늘 그런 제 갈 길을 가는' '중용(中庸)'의 길이다. 그렇게 보면 『중용』의 이야기에 귀를 기울이는 것이 그리 어리석은 일도 아니다. 그러나 너무 기대를 하지는 말자. 왜냐하면 삶은 늘 새로운 것이지만, 바로 늘 새롭기에 새로움이 전혀 느껴지지 않으며, 또 그런 삶에 대한 『중용』의 이야기 역시 새롭게 느껴지기가 쉽지 않기 때문이다. 그것은 너무나 친숙한 우리 자신의 모습이기에 그 낯익은 모습에서 새로움을 느끼는 것은 정말 어려운 일이다. 그러나 우리가 『중용』의 이야기에 귀를 기울여 새로워진다면 그와 함께 산·바다·강·들, 그리고 우리와 함께 사는 이들의 그 생생한 삶을 새롭게 맛보고 함께 나눌 게 틀림없다. 이제 『중용』의 이야기를 들어보자.

가야 할 길[道]은 멀리 있지 않다

공자가 말했다. "도(道)는 사람에게서 멀리 있지 않다. 사람이 도를 행한다면서 사람에게서 멀다고 하면 도라고 할 수 없다. 『시경 詩經』에서 이르기를 "도끼자루 찍네. 도끼자루 찍네. 그 본이 멀지 않네"라고 했다. 도끼자루를 들고 도끼자루를 찍으며 바로 못보고 멀리서 찾는다. 그러므로 된 사람은 사람의 도리로 사람을 다스려 고쳐지면 그친다. 충서(忠恕)는 도(道)에서 그리 멀지 않으니 나에게 행해지기를 원하지 않으면 남에게도 행하지 않는다. 된 사람의 도가 넷이 있는데 나[구(丘)]는 하나도 아직 못한다. 자식에게 바라는 것으로써 부모 섬기기를 못하고, 신하에게 바라는 것으로써 왕을 모시지 못하고, 아우에게 바라는 것으로써 형을 모시지 못하고, 친구에게 바라는 것을 먼저 베풀지를 못한다. 일상적인 도리를 행함과 평소의 말을 삼감에 부족함이 있으면 감히 힘쓰지 아니함이 없고 남음이 있어도 감히 다했다 하지 않는다. 말은 행실에 맞아야 하고 행실은 말에 맞아야 하니 된 사람으로 어찌 독실치 않을 수 있겠는가!"[29)]

이 글은 『시경』을 인용하여 제대로 살아가는 길이 멀리 있는 것이 아니라 나 자신에게 주어져 있음을 말하고 있다. 도끼자루를 구하러 나선 사람이 도끼자루로 알맞은 나무가 어떤 것인지를 몰라 눈앞에 있는 적당한 나무들을 놓아두고 엉뚱한 곳을 찾아 헤맨다면 얼마나 어리석은 짓인가? 자기가 들고 있는 도끼의 자루가 바로 자기가 찾고 있는 도끼자루의 본보기인데도 말이다. 그와 마찬가지로 삶의 올바른 길[道] 역시 나와 우리들 안에 있는데도 그것을 멀리서 찾는다면 그것은 시작부터 잘못된 것이 아닐 수 없다. 만약 도가 우리들과 멀리 떨어져 있는 것이라면 오히려 별 문제가 없다. 한 걸음 한 걸음씩 다가가면 어느 날에는 도를 찾을 수 있을 것이다. 사실 도가 멀리 떨어져 있다고 여긴다면 그것은 도를 모른다는 뜻이다. 그럼에도 모르는 줄도 모르고 도를 찾아 헤맨다면 그것은 도끼자루를 손에 쥐고서도 도끼자루로 쓸 나무가 도대체 얼마나 굵고 얼마나 길어야 하는지를 몰라 공연스레 이리저리 헤매고 다니는 것과 다름이 없다. 세상 어디에도 "내가 도끼자루감이요!" 하고 써 붙이고 있는 나무는 없다. 찾는 사람이 그것을 알아보아야 한다.

공자는 우리에게 주어져 있는 삶의 길, '도(道)'를 '충서(忠恕)'라는 말로 넌지시 드러낸다. '자기를 다하는 마음[盡己之心]'이 충(忠)이고 그런 '자기를 미루어 남에게 미침[推己及人]'이 서(恕)이다. 그런 마음가짐으로 살면 제대로 사는 삶에서 그리 벗어나지는 않는다는 말이다. 내가 원하지 않는다면 다른 사람들도 원하지 않을 터이고, 그러니 남에게 그렇게 하지 않아야 한다는 것은 삼척동자가 아니라면 누구라도 알 수 있는 도리이다.

그리고 그 다음에 이어지는 된 사람의 길 네 가지도 전혀 어렵지 않은 평범한 이치를 담고 있다. 그러나 우리의 삶을 되돌아보면 그렇게 평범한 이치임에도 불구하고 실제로는 실천하지 못한 경우가 얼마나 많은지! 공자 같은 분도 다하지 못하셨다고 하니 다소 위안이 되기는 하지만, 그래도 된 사람은 독실해야 한다는 말에 이르러서는 부끄러움을 금할 수 없다.

정말 사람답게 사는 길[도(道)]이 멀리 있는 것은 아니다!

다만 내가 행하지 않고 엉뚱하게 다른 곳을 두리번거리고 있을 뿐이다.

그런데 위에서 인용한 이 글은 좀더 살펴보아야 할 곳이 있다. 그것은 '충서는 도에서 그리 멀지 않다[忠恕 違道不遠]'는 말이다. '충서'는 유가철학에 있어서 사람답게 사는 길[道]을 구체적으로 설명하는 금과옥조(金科玉條)로 여겨진다.

> 공자(孔子)가 이르기를 "삼아! 나의 도는 하나로 꿰느니라" 하였다.
>
> 증자가 "예" 하고 아뢰었다.
>
> 공자가 나가자 제자들이 "무슨 말입니까?" 하고 물었다.
>
> 증자가 "선생님의 도는 충서(忠恕)일 뿐이다"라고 말했다.[30]

위에서 보는 바와 같이 『논어』에서는 도(道)를 충서(忠恕)로 이해하고 있는데 『중용』에서는 왜 충서를 도에서 멀지 않다고 하는 것일까? 이 문제에 대해서는 학자들의 여러 가지 설명이 있다.[31] 아마도 그 같은 차이는 '충(忠)-진기지심(盡己之心)-'을 어떤 깊이에서 말하는가에 따라서 생긴 것이라고 보여진다. '자기를 다하는 마음[盡己之心]'을 충(忠)이라고 할 때, 우선 과연 '자기를 다한다[盡己]'는 것은 무엇을 말하는 것일까?[32]

효(孝)를 예로 들어보자. 효는 부모님께 대한 자녀의 도리이다. 다르게 말하면 부모님께 대한 자녀의 사랑이다. 그렇다면 부모님께 대한 사랑을 어떻게 해야 할까? 물론 잘 해야 한다. 그렇지만 잘 못하는 경우도 있다. 그래서 부모님을 사랑할 때도 올바르게 해야 하는 길을 찾아야 한다. 그 길을 우리는 '효하는 길-효도(孝道)-'이라고 말한다. 그러므로 '효도한다'는 말은 부모님을 사랑함에 있어서 해야 할 일을 제대로 하고 있다는 뜻이 된다. 동시에 부모님을 사랑하는 길을 제대로 가고 있다는 말이기도 하다.

그리고 어떤 사람이 그런 모습을 보일 때 '효성(孝誠)이 지극하다'고 한다. 그리고 '효성이 지극하다'는 말을 풀어 말하면 '(참되고 성실한) 마음을 다하여 부모를 섬김이 더 할 수 없는 데 이르렀다'라고 할 수 있다. 그리고 이 말을 다시 풀어보면 '마음을 다하여[盡心] 부모를 섬김이 자기를 다하는[盡己] 데 이르렀다'라고 할 수 있다. 그렇다면 자기를 다하는 것[盡己]은 곧 '(자기) 마음을 다함[盡(己)心]'에서 비롯되고, 따라서 '(자기) 마음을 다하여[盡心] 자기를 다할[盡己] 때'의 마음은 자기 마음이 다해져서 '자기를 다함이 드러나는 마음[盡己之心]'이다. 그러므로 '진기지심(盡己之心)'의 심(心)은 자기의 마음[心]이 아니라 '자기의 마음을 다한 마음[盡己之心之心]이라는 것이 드러난다. '자기 마음'과 '자기 마음을 다한 마음'

은 별개의 것이라고도 할 수 없지만 결코 같지도 않다[非二而非一, 둘이 아니나 하나도 아니다].

여기서 잠깐 숨을 고르기 위하여 이광수의 소설 『원효대사』를 조금만 읽어보자. 다음 장면은 원효(元曉)가 얼마 동안 함께 지낸 두 소년 소녀와 헤어지면서 나누는 대화이다.

> 언제까지나 따라 나오는 두 소년 소녀를 산모퉁이에서,
>
> "그만 들어가거라" 하고 명하였다.
>
> "스승께서 부르실 때까지 저희들은 무엇을 하오리까?" 아사가가 두 손으로 읍하고 이렇게 원효에게 물었다.
>
> "할아버지 늙으시고 어머니 병드셨으니 지성으로 시봉하여라."
>
> "도를 닦는 일은 어찌하오리까?" 사사마가 이렇게 물었다.
>
> "부모께 효도하는 것이 도니라." 이것이 원효의 대답이었다.
>
> "효도의 길은 어떠하니이까?" 아사가가 물었다.
>
> "그때그때 네 스스로 생각하면 알리라. 마음속에 내가 없고 오직 부모만 있으면 효도니라."[33]

다음 장면은 원효가 자신을 숨기고 감천사(甘泉寺)에서 불목하니 노릇을 하고 있을 때의 일이다. 그 절의 누구도 원효

가 원효인 줄 모른다. 그러던 어느 날, 원효가 방울스님이라 불리는 노스님과 대화를 나눈다.

"소승이 화엄(華嚴) 강백(講伯)이라구요?" 원효는 놀라는 빛을 보였다.

"응, 아마 원효대살걸."

"과연 소승은 원효입니다. 그런데 시님께서는 어떻게 소승이 원효인 줄을 아십니까?"

"원효시님이 아직 도력이 부족하여서 내 눈을 가리울 힘이 없는 게지. 그렇지만 감천사 수십 명 중의 눈을 가리운 것만 해도 시님의 도력이 어지간하시지. 그렇지만 시님이 아직 신장의 눈은 못 가려. 어, 내가 또 부질없는 말을 했군!"

"귀신의 눈에 안 띄는 법이 어떠합니까?" 원효는 이렇게 물었다.

"내 마음이 비면 아무의 눈에도 아니 뜨이지!" 방울스님은 이렇게 대답하였다.

"내 마음이 비이자면?"

"나를 없이해야지. 시님께 오욕(五慾)이야 남았겠소마는 아직도 아만(我慢)이 남았는가 보아. 오욕을 떼셨으니 잡귀야 범접을 못하지마는 아만이 남았으니 신장의 눈에 띄어.

시님이 아주 아만까지 버리시면 화엄 신장도 시님의 종적을 못 찾소이다. 아만-내가 이만한데, 내가 중생을 건질 텐데 하는 마음이 아만야. 이것을 깨뜨리자고 세존께서 수보리에게 금강경을 설하신 것이오. 무주상보시(無住相布施), 응무소주이생기심(應無所住而生其心)이라는 거요."[34]

"마음속에 내가 없고 오직 부모만 있으면 효도니라"라는 원효의 말에서 우리는 '자기의 마음을 다한[盡/己心] 마음[盡己心之心]'을 읽을 수 있다. 이 마음은 '방울스님'이 말하는 '아만(我慢)-내가 이렇게 효도하는데-'이 떼인 텅 빈 마음[허심(虛心)]이니 차라리 '마음 없음[무심(無心)]'이라고 해야 옳을지도 모른다. 이런 의미에서의 진기지심(盡己之心), 곧 충(忠)은 '부자지도(夫子之道)'로서의 충(忠)이고 그대로 도(道)이다. 이럴 때 자녀의 마음에는 '마음을 다하여'라든가 '나-자기-를 다하여[盡己]'라는 생각이 일어나지 않는다. 심지어 '효도한다'라는 생각조차 없다. 이때 자기를 다함[盡己]이 이루어진다. 자기 마음이 다해져서 '자기를 다함[盡己]'이 드러날 때 그 '자기를 다함[盡己]'은 저절로 이루어지는 것이지 결코 '내[아(我)]'가 하는 것이 아니다. 그때 '나'는 이미 사라져 버리고 없다. 그리고 그때 그 사람에게서 보이는 말이나 모든 움직임은 그대로가 효이고 도이다.

『주역』의 "역은 생각 없이, 행위 없이, 고요하여 움직임 없이 감응하여 천하의 이치에 통한다. 천하의 지극한 신묘함이 아니고서야 그 누가 이럴 수 있겠는가[易无思也, 无爲也, 寂然不動, 感而遂通天下之故. 非天下之至神 其孰能與於此]?"[35] 라는 말도 우리의 이해를 도울 수 있다. 이 말은 점(占)치는[易, 이 때의 역은 점친다는 뜻이다] 데 있어서의 마음가짐과 자세 그리고 그렇게 함으로써 일어나는 일-감응하여 천하의 이치에 통함-을 보여준다. 물론 점을 치고 있지만 점을 친다는 생각, 점을 치는 행위까지 모두 마음에서 사라져 고요하게 움직임이 없을 때 비로소 감응하여 천하의 이치에 통하게 된다. 그것이 곧 제대로 점을 치는 것이다.

이와 마찬가지로 '마음을 다해서'나 '나를 다해서' 그리고 더 나아가서는 '효도한다'는 생각조차 마음에서 사라질 때, 비로소 참되게 '효도하는' 모습이 드러난다. 이런 의미의 충(忠)을 『중용』에서는 '성(誠)' 혹은 '지성(至誠)'에서 비롯된다고 보며 도(道)와 어긋남이 없다고 본다.

한편, 효도하려는 마음가짐이 그리고 나아가서는 내 마음을 다하고 나를 다해서 효도하려는 마음가짐이 남아 있을 때, 이 때의 충(忠)은 앞서의 충(忠)과는 같지 않다. 다시 말해서 내가 나를 다해서 효도하고자 (생각)하지만 그런 내 마음가짐과는 어긋나게, 오히려 그 내 마음에서 비롯되는 피할 수 없는 어리석음 그리고 앞에서 인용된 아만 등등 때문에 참된 효[孝道]와는 거리가 생기게 된다. 그렇기 때문에 이 때의 '나를 다하는 마음[忠]'은 '도에서 그리 멀지 않다[違道不遠]'라고 말하는 것이다.

이제 우리는 '진기지심(盡己之心)'을 두 가지로 이해할 수 있다.

하나는, 처음에 시작했던 대로 '자기를 다하는 마음'이다. 이 때의 마음은 당사자의 마음, 곧 내 마음 혹은 자기 마음이고, 이 마음으로 정성을 기울여[誠之] 살아가는 것이 사람이 갈 길이다[人之道].

다른 하나는, '자기를 다한 마음'이라고 말할 수 있다. 그런데 이 때의 '마음'은 사실 설명하기가 곤란하지만 분명한 것은 '자기를 다한' 마음이기에 이미 사라져버린 '자기'의 마음은 아니라는 점이다. 억지로라도 말하자면 하늘의 마음[天之心]이라고 할 수 있고, 이 경우에 천(天)의 의미는 하늘·땅[天·地]이 하나인 천(天)이다. 이 하늘의 마음이 거스름 없이 그대로 드러나는 사람이 된 사람[君子]이고, 때로는 성인(聖人)이라고도 한다. 또, 거스름 없이 드러나기 때문에 '자기를 다함[盡己]'이라고 말하고 이 때의 충(忠)은 곧 그대로가 도(道)이다.

그런데 이 때의 충(忠)도 '하늘의 마음'처럼 역시 설명하기가 곤란하다. 왜냐하면 '자기를 다했음[盡已]'에 이르지 못하여 아직 남아 있는 자기가 있고, 그 남아 있는 자기를 다하여 갈 때는, 다시 말하여 진(盡)하여 갈 때는 진(盡)하여 감이 드러나고 눈에 뜨이지만, 이미 '자기를 다한[盡已]' 경우에는 '자기를 다했다[盡已]'는 것이 도대체 무엇 하나 드러나는 것이 없기 때문이다. 이 때문에 이 때의 충(忠) 또한 어떤 것도 전혀 드러나지 않는다. 전혀 드러남이 없기 때문에 도무지 말할 여지가 없다. 이 점에 관해서는 앞서 인용한 '방울스님'의 이야기를 다시 음미해 주시기를 바랄 뿐이다.

어쨌거나 『중용』에서는 이 둘을 다음과 같이 말하고 있다.

> 성(誠)은 하늘의 도(道)이고 성(誠)하려 노력하는 것[誠之]은 사람의 도(道)이다. 성(誠)이란 힘들이지 않아도 맞아지고 생각지 않아도 얻어져 저절로 도(道)에 맞으니 성인이 그러하다. 성(誠)하려 하는 것은 선(善)을 가려내서 굳게 지킴이다.[36)]

이제 다음 이야기로 넘어가자.

된 사람의 길이 따로 있지 않다

된 사람의 길은 두루 미치지만 드러나지 않는다. 평범한 부부의 어리석음이라도 함께 알 수 있지만 그 지극한 데에 이르러서는 비록 성인이라도 알지 못하는 것이 있다. 평범한 부부의 못남으로도 행할 수 있으나 그 지극한 데에 이르러서는 비록 성인이라도 행할 수 없는 것이 있다. 하늘과 땅의 그 큼에도 사람이 부족감을 느끼는 것이 있다. 그러므로 된 사람이 큼을 말하면 천하도 이를 싣지 못하고 작음을 말하면 천하도 이를 깨뜨리지 못한다.

『시경』에서 "솔개는 하늘로 날아오르고 고기는 못에서 뛰는구나"라고 했다. 길[道]이 위아래 가득 차 있음을 말한다. 된 사람의 길은 부부에게서 시작되지만 그 지극함은 하늘과 땅에 가득 찬다.[37)]

제대로 산다는 것이 특별한 일이라면 (우리네처럼?) 평범한 사람들은 일찌감치 미련을 떨쳐버리는 편이 나을 것이다. 그러나 다행스럽게도 『중용』에서는 우리 모두에게, 누구에게나 제대로 사는 길이 열려 있다고 말한다. 그리고 그 말을 꼼꼼히 들여다보면 그 말이 결코 빈말이 아님을 느낄 수 있다.

"된 사람의 길은 부부에서 시작된다[君子之道, 造端乎夫婦]"

고 하니 우선 내가 그리고 대부분의 사람들이 적어도 제대로 살아보겠다고 생각하는 것은 가능하다는 말이다. 나이가 차면 남녀가 만나 짝을 이루어 가정을 꾸미고 사는 것은 우리들의 일상살이이다. 그러나 서로 남남이던 사람이 만나서 진정한 부부로서 하나가 된다는 것은 시작도 어렵지만 그 과정은 단 하루라도 그냥 지나가지지 않는다. 부부에서 시작되는 된 사람의 첫걸음은 어떤 것이고, 또 그 길은 어디까지 이어지는지 함께 떠나보자.

성인 남녀가 연분이 닿아 부부로 맺어지는 것은 늘 있는 일이다. 그런데 명실상부한 부부가 되는 것은 정말 평범한 일이 아니다. 거기에는 넘지 않으면 안 되는 관문이 있는데 그 관문은 참으로 이상한 문이다. 내가 그 관문이다. '나'라는 울타리가 바로 그 관문이다. 그 문은 내가 열고 지나갈 수 있는 문이 아니다. 아니, 실제로는 우리가 그 문을 열고 지나가기도 한다. 터져 나오려는 분노를 참거나 싫지만 희생하는 경우가 그렇다. 그러나 그렇게 하면 결과적으로는 그 문이 더욱 단단히 잠겨서 우리 앞을 가로막게 된다. 다시 어떻게든 힘을 들여 그 문을 지나면, 다시 더욱 단단해진 그 문이 어느새 앞을 가로막는다. 계속하면 할수록 그 문은 더욱 단단해질 뿐이고 결코 우리가 지나가도록 허락하지 않는다. 우리가 그 문을 지날 수 있는 유일한 방법은 그 문이 스스로 열려 우리가 지나가도록 허락하기를 기다리는 것뿐이다. 그런데 그것 또한 난관이다. 우리가 그 문이 열리기를 기다리면, 기다리는 한 그 문은 결코 열리지 않는다는 것이다. 문이 열리기를 기다리는 '내'가 바로 열려야 할 관문이기에 그렇다. 그러면 방법이 없지 않은가? 그렇지는 않다. 분명히 그 문을 지날 수 있는 길이 있다. 『중용』에서 말하는 '된 사람의 길'이 바로 그 길이니, 그 '된 사람의 길'을 가면 반드시 관문 너머에 다다를 수 있다. 이제 그 길을 찾아보자.

부부가 되기 위해서 두 남녀에게 꼭 필요한 것은 각기 온전한 한 사람으로 서는 것이다. 남이나 어떤 힘에 의해서가 아니라 자기 스스로 남편 또는 아내가 되어야 한다. 어떤 힘으로도 무너뜨릴 수 없는 한 (사람의) 남편, 한 (사람의) 아내가 되어야 한다. 그것이 첫걸음이라면 그 다음은 한 남편으로서 아내를 사랑하고, 한 아내로서 남편을 사랑하는 것이 전부이다. 아내를 사랑하려면 한 남편으로서 우뚝 서야 하고 남편을 사랑하려면 한 아내로서 우뚝 서야 한다. 그런데 말이다. 아내를 사랑하는데 어떻게 해야 하는가 하면 온전히 사랑해야 한다. 온전한 사랑, 그것을 『중용』에서는 '자기를 다하여[盡己]' 사랑함이라고 한다. 그래서 '효'와 똑같은 일이 일어난다. 아내를 온전히 사랑하는 것은 남편이 ('자기가') 할 수 있는 일이 아니다. 그것은 한 남편이 자기 마음을 다하고 자기를 다했을 때 저절로 이루어진다. 참 이상스럽게 여겨지지만 한 사람이 자기를 다했을 때, 그래서 자기가 남아 있지 않을 때 비로소 거기 온전한 한 남편의 모습이 드러난다. 그것뿐만 아니라 그와 동시에 온전한 한 아들의 모습이, 온전한 한 아버지의 모습이,……온전한 한 사람[된 사람]의 모습이 드러난다. 그것은 아내의 경우도 똑같다.

부모에게 효도하는 것, 부부간에 사랑하는 것, 자녀를 키우는 것, 사회생활 등 이 모든 것은 모두 하나로 이어져 있다. 부모에게 효도는 하는데 부부간에 사랑이 없다고 한다면 그것은 참 이상한 일이다. 거기엔 반드시 문제가 있다. 부부간에 애정은 깊은데 자녀에게는 무관심하다고 해도 마찬가지이다. 삶의 모든 것이 하나로 관통할 때 거기 비로소 온전함이 있다. 그리고 삶의 모든 것을 하나로 관통시키는 것은 자기를 다함[충(忠)]에서 나온다.

우리가, 아니 우리 한 사람 한 사람이 반드시 홀로 스스로 넘어야 할 관문은 '나[아(我)]'이고 그 관문을 넘어섰을[진기(盡己)] 때 모든 것이 이루어진다. 그것은 이루어지는 것이지 내가 하는 것이라고 할 수 없다. 길[道]이 따로 있어 내가 그 길을 따라가는 것이 아니라 내 삶이 그대로 길[道]이어야 한다. 이때 내 삶을 이끌어 가는 것은 내 마음이 아니라 내 마음을 다하고 나를 다했을 때 드러나는 하늘의 소리이고[천명(天

命)], 그 소리에 응답함이 내 삶이다[솔성(率性)].[38] 그 소리의 울림, 힘, 작용, 알맹이를 성(誠)이라고 할 수 있다. 나를 다했을[盡己] 때 그 소리의 울림에 응답이 저절로 일어나고 삶이 길[道]을 드러낸다.

> 성(誠)은 스스로 이루고, 길은 스스로 길이다. 성은 만물의 끝이요 처음이니, 성하지 아니하면 (만)물도 없다. 그러므로 된 사람은 성함을 귀히 여긴다. 성은 스스로 자신을 이룰 뿐만 아니라 만물을 이루는 까닭이다. 자기를 이룸은 어짊이요 (만)물을 이룸은 지혜로움이다. 이는 (본)성[*하늘의 소리에 따르는 메아리]의 축복[德]받음이요, 나[*된 사람]와 천지만물을 관통시키는 길이다. 그러므로 때에 맞추어 행하면 옳을 것이다![39]

나를 다했을[盡己] 때 하늘의 소리가 들리고, 그와 함께 부모에게서 아내에게서 자녀에게서 그리고 세상 만물에서 그 소리의 메아리가 들린다. 세상의 모든 것이 하늘의 축복임을 맛보는 것이다. 하늘의 소리[천명(天命)]와 그 메아리 소리[본성(本性)]는 다른 소리가 아니다.

내가 하늘의 소리에 이끌려 응답할 때 그 길은 더 이상 나만의 길이 아니라 천지만물의 길이고 내 삶 또한 나의 삶인

동시에 천지만물의 삶이다.

된 사람은 부모에게 따로 효도하지 않고, 아내를 따로 사랑하지 않는다. 또한 자녀를 따로 사랑하지 않고, 만물을 따로 보살피지 않는다. 된 사람은 삶 전체가 부모에게 효도요, 아내에게 사랑이요, 자녀에게 사랑이요, 만물을 사랑함이다. 그래서 된 사람의 삶에서 부모를 극진히 모시는 것 같은 모습은 드러나지 않는다. 부모를 극진하게 모시는 모습은 어딘가 부족함이 있다는 뜻이다. 아내에게 소홀하다거나 자녀에게 미흡하다거나 어딘가에 반드시 부족함이 있다는 것으로 그것은 자기를 다함이 어디에서인가는 덜 이루어졌다는 것을 보여준다. 자기를 다함이 온전히 이루어진 삶은 그 삶의 극진함이 어디에도 미치지 않음이 없으나 무엇이 일어나든 언제 어디서나 자기를 다하여서 일어나기에 달리 드러나는 모습이 없다. 그래서 "된 사람의 길은 두루 미치지만 드러나지 않는다. 평범한 부부의 못남으로도 행할 수 있으나 그 지극한 데에 이르러서는 비록 성인이라도 행할 수 없는 것이 있다"고 한 것이다. "이렇게 정성을 다하면 드러내지 않아도 밝게 빛나고, 움직이지 않아도 변화시키고, (행)함이 없어도 이룬다[如此者, 不見而章, 不動而變, 無爲而成]."[40]

부모에게 효도해야 함은 마땅한 일이다. 그렇다고 해서 효도하는 길이 어디 따로 정해져 있는 것은 아니다. 자기를 다하여 살 때, 그 삶에서 효행의 길이 드러나 보인다. 된 사람의 길 또한 그렇다.

힘써 살 때 길은 저절로 드러난다

'나를 다함[盡己]'은 내가 할 수 있는 것이 아니다. 그럼에도 '나를 다함'이 된 사람으로 탈바꿈하는 관건인 만큼 그 관문을 넘어야만 한다. 사실 내가 할 수 없는 것을 이룬다는 것은 어처구니없어 보인다. 그러나 꼭 그런 것만은 아니다.

> 중니(仲尼)가 말했다. "된 사람[君子]은 중용대로 하고 덜된 사람[小人]은 중용을 어긴다. 된 사람의 중용은 된 사람이기에 때에 맞춰 올바로 행함이요, 덜된 사람이 중용을 어김은 덜된 사람이기에 거리낌이 없는 것이다."[41]

앞에서 '중용'의 뜻은 '일상의 변함없는 삶에서 제 갈 길을 바로 간다'는 것이라고 말했었다. '제 갈 길을 바로 간다'에서 '바로'를 일반적으로는 '치우침이 없고 기울어짐이 없는 것[불편불의(不偏不倚)]' 또는 '지나침이나 모자람이 없는 것[무과불급(無過不及)]'이라고 설명한다. 덜된 사람[小人]과 된 사람[君子]의 차이는 그 삶이 '중용'이냐 아니냐에 있다. 덜된 사람은 사는 데 있어서 치우치거나 기울어짐·지나침이나 모자람이 있다. 그것을 바로잡으면 된 사람이 된다. 그리고 바로잡기 위해서는 무엇보다도 먼저 치우치거나 기울어짐·지나침이나 모자람이 있다는 것을 알아야 하는데, 바로 그 점이 덜된 사람에게는 거의 불가능한 일이다. 그것은 마치 철부지가 봄이 왔는데도 겨울옷을 그대로 입겠다든지, 여름이 아직 멀었는데도 여름옷을 입겠다고 떼를 쓰는 것과 다를 것이 없다. 철부지는 철의 바뀜을 제대로 모르기 때문에 제철에 맞도록 옷을 갈아입을 줄도 모르고 떼를 쓴다. 그러니 철부지가 떼를 쓰는 것은 어찌 보면 자연스러운 일이고 문제는 철을 모르는 데 있으므로 철이 들도록 하면 공연히 떼를 쓰는 것도 사라질 것이다. 이것은 우리가 당면하고 있는 문제에 있어서도 다를 것이 없다. 우리가 당면한 문제는 내가 할 수 없는 것, 다시 말해서 '나를 다함[盡己]'을 이루어야 한다는 것인데 여기서 중요한 것은 '내가 할 수 없는 것'이 있다는 것을 아는 것이다. 앞에서 누누이 이야기한 대로 '나를 다함'은 내가 할 수 있는 것이 아니고 어느 순간에 저절로 이루어지는 것이다. "세상에는 비록 성인이라도 알지 못하는 것이 있고 비록 성인이라도 행할 수 없는 것이 있다." 또, 잘 생각해 보니 '내가 할 수 없는 것이 정말 있다'고 알게 되면 해결의 실마리가 풀리게 된다.

‘나를 다함[盡己]’은 내가 할 수 없는 것임이 분명해졌다면 이제 그것에 대해서는 생각을 말자. ‘내가 할 수 없는 것’에 대해서는 이제 관심을 가질 필요도 없고 단지 내가 할 수 있는 것만 하면 된다. 이제 『중용』에서 우리에게 전해주는 길[道]에 대해 귀를 기울여보자.

“……어떤 이는 나면서 알고, 어떤 이는 배워서 알고, 어떤 이는 큰 어려움을 치르고서 아나 그 앎에 이르러서는 하나이다. 어떤 이는 편안하게 행하고, 어떤 이는 바라는 바가 있어서 행하고, 어떤 이는 마지못해서 억지로 행하나 그 공을 이룸에 있어서는 하나이다.”

……

“……할 일을 함은 선을 가려내서 굳게 지킴이다.”

“널리 배우고, 자세히 묻고, 삼가해 생각하고, 밝게 가르고, 두텁게 행한다. 아예 배우지 않으면 몰라도 일단 배우게 되면 능해지지 않고서는 그만두지 않고, 묻지 않으면 몰라도 일단 물으면 알지 않고서는 그만두지 않고, 생각하지 않으면 몰라도 일단 생각할 바에는 얻지 않고서는 그만두지 않고, 가르지 않으면 몰라도 일단 가르기로 하면 밝지 않음이 있으면 그만두지 않고, 행하지 않으면 몰라도 일단 행하게 되면 두텁지 않으면 그만두지 않는다. 남이 한 번에 능하면 나는 백 번을 하고, 남이 열 번에 능하면 나는 천 번이라도 한다. 마침내 이렇게 해내면 비록 어리석은 사람이라도 반드시 밝아질 것이고, 비록 여린 사람이라도 반드시 꿋꿋해질 것이다."[42)]

위의 글은 스스로 할 수 있는 일에 온 마음과 온 힘을 쏟으며 사는 모습을 보여준다. 이렇게 사는 사람에게는 남들이 어떤지는 따져볼 일이 아니다. 남들이야 어떻게 알든지 남들이야 한 번에 하든지 열 번에 하든지 그것은 그 사람들의 삶이고, 나는 내가 알아야 하고 내가 행해야 한다. 그러기 위해서 온 힘을 기울이는 것이 내 삶이다. 여기에 어떤 심오한 도리가 있는 것도 아니다. 지극히 평범한 이치이고, 그렇게만 하면 어리석은 사람도 여린 사람도 반드시 밝아지고 꿋꿋해진다고 하는데 그렇게 하지 않을 까닭이 없다.

된 사람[君子]은 지금 그 자리에서 행할 뿐 그 밖의 것을 바라지 않는다. 지금 부귀(富貴)하면 부귀를 누리고, 지금 빈천(貧賤)하면 빈천하게 산다. 지금 오랑캐 나라에 있으면 오랑캐로 살고, 지금 환난(患難)에 처해 있으면 환난을 겪는다. 된 사람은 어떤 경우에나 있는 그대로의 삶에서 스스로 얻지 못하는 법이 없다.

윗자리에 있다고 아랫사람을 업신여기지 않고, 아랫자리에 있다고 윗사람에게 매달리지 않는다. 자기를 바르게 하고 남에게 빌지 않으니 탓함이 없다. 위로 하늘을 탓하지 않고 아래로 남을 탓하지 않는다.

그러므로 된 사람은 쉽게 지내며 하늘의 소리를 기다리는데, 덜된 사람은 위태롭게 굴며 공떡을 바란다.

공자가 말했다. "활쏘기는 된 사람과 닮은 데가 있다. 정곡을 맞추지 못하면 자신에게서 허물을 찾는다."[43]

위의 글에 나오는 된 사람[君子]은 엄격하게 말하면 된 사람이기보다는 된 사람이 되려고 자기를 다하고 있는 '되어가고 있는 사람'이라고 해야 옳을 것이다. 자기를 다하여 사는 데도 때로는 허물이 있을 수 있다. 그런 경우에 그 허물의 탓을 다른 데로 돌리지 않고 자기 자신에게서 찾는다. 그리고 스스로 다하지 못함을 메워간다. 이런 사람은 이미 자기 삶의 진정한 주인이 된 사람이다. 그러므로 하늘과 마주 대하여 하늘의 소리를 들을 준비가 된 사람이다. 이런 사람이 자기를 다하여 살아갈 때 '자기를 다함[盡己]'이 비로소 가능하다. 하늘을 탓하고 남을 탓하고 온갖 것을 탓하며 사는 사람은 사실 자기의 삶이 없다. 그 삶의 주인이 그렇게 많은데 자기 삶이라고 할 수 있겠는가? 이런 경우, 자기를 다한다는 것은 처음부터 불가능한 일이다.

자기 삶의 주인으로 자기를 다하여 살 때 '자기를 다함'이 일어난다. 된 사람이 거기 있다. 그리고 그 된 사람의 삶이 삶의 길[道]을 드러낸다. 그러나 그렇게 드러난 삶의 길이, 다시 말해서 내가 아닌 다른 된 사람에게서 드러난 삶의 길이 곧 내 삶의 길이지는 않다. 내 삶의 길은 내 삶을 통해 스스로 드러내야 한다. 그것이 관건이다! 길[道]은 그렇게 드러난다.

온전히 자기를 다할 때 들을 수 있는 소리

큰 바위가 스스로 제 모습을 만들려고 한다면 어리석은 짓이다. 몸이 움직여 주지 않기 때문만은 아니다. 참된 자기 모습은 자기를 다했을[盡己] 때 비로소 드러나기 때문이다. 그렇기 때문에 큰 바위는 단지 묵묵히 자신이 할 수 있는 일 -세월의 풍상을 꿋꿋이 견디는 일-을 하면 저절로 그 모습이 드러난다. 그러므로 세월을 꿋꿋이 견디는 일[성지(誠之)]과 제 모습을 제대로 드러내는[성(誠)] 것은 다르지 않다.

된 사람의 길[도(道)]도 이와 다르지 않다. 스스로 할 수 있는 일을 다할[성지(誠之)] 때 자기를 다함[성(誠)]이 이루어지고 길이 드러난다.

'내 삶에서 내가 (할 수 있는) 할 일은 무엇인가?' 이 질문은 다른 사람이 대신 답해줄 수 없는 질문이다. '답'뿐만 아니라 질문 또한 대신해 줄 수 없다. 내 삶이기를 포기하지 않는다면 스스로 묻고 스스로 답을 찾아야 한다. 그리고 스스로 질문을 던졌다면 그 답을 찾기 위해 열심히 살아야 한다. 열심히 산다는 것은 자기 삶의 진정한 주인이 된다는 것이고 나를 찾는 공부이다. 스스로 삶의 주인이 되어 삶의 맛을 제대로 느낄 수 있을 때 나는 비로소 나를 알게 된다. 내 삶의 맛은 사실 나의 맛과 다르지 않다. 『중용』에서는 그것을 성(性)이라고 말한다. 물론 '나의 맛'이 제 맛을 내기 위해서는 내 삶이 자기를 다하는 삶이어야 한다. 그렇지 않을 때의 맛은 참된 내 맛이 아니다.

그리고 내가 '나의 참 맛'을 볼 때, 그 맛은 단지 '나의 맛'이 아니라 나와 천지만물이 하나인 삶의 근원으로부터의 맛이다. 왜냐하면 '나의 참 맛'을 낼 때의 나는 이미 자기를 다한[盡己] 만물과 하나를 이루는 '나'이기 때문이다.

> 오직 하늘 아래 온전히 자기를 다해야 그 맛을 다 내고, 그 맛을 다 내면 사람의 맛을 다 내고, 사람의 맛을 다 내면 만물의 맛을 다 내고, 만물의 맛을 다 내면 하늘과 땅의 보살핌을 도울 수 있고, 하늘과 땅의 보살핌을 도울 수 있

으면 하늘·땅과 더불어 셋을 이룰 만하다.[44)]

위의 글을 보면 시작부터 끝까지 모두 '온전히 자기를 다함[지성(至誠)]'에 모든 것이 달려 있다고 할 만하다. 정말이다! 『중용』의 소리는 온전히 자기를 다하지 않으면 들을 수 없는 소리이다.

국화(菊花) 옆에서

서정주(徐廷柱)

한 송이의 국화꽃을 피우기 위해
봄부터 소쩍새는
그렇게 울었나 보다.

한 송이의 국화꽃을 피우기 위해
천둥은 먹구름 속에서
또 그렇게 울었나 보다.

그립고 아쉬움에 가슴 조이던
머언 먼 젊음의 뒤안길에서

인제는 돌아와 거울 앞에 선
내 누님같이 생긴 꽃이여.

노오란 네 꽃잎이 피려고
간밤엔 무서리가 저리 내리고
내게는 잠도 오지 않았나 보다.

시인은 국화꽃에서 하늘의 울림을 듣는다. 무서리와 함께 피어난 노오란 꽃잎은 그 울림에 응답함이다. 그 모습이 가냘프더라도 그 한 송이의 꽃에는 하늘의 소리에 응답하는 국화의 모든 것이 담겨 있다. 그 메아리가, 그 떨림이 작더라도 그 소리는 하늘의, 근원의 소리와 다르지 않다.

> 하늘의 명함이 성이요, 성에 따르는 것이 길이요, 길을 (닦아)가는 것이 가르침이다[天命之謂性, 率性之謂道, 修道之謂敎].[45)]

이 세상의 모든 것은 하늘의 부름을 받아 그 소리에 응답함이다. 그 응답이 삶이다. 그 삶이 온전할 때 응답하는 소리의 떨림-메아리-은 하늘의 소리와 다르지 않다. 그러나 그와 동시에 만물 하나하나에서 나오는 메아리 소리는 모두 다르다. 그 다름이 하나하나의 사물, 하나하나의 삶이 지니는 의미이다. 나는 내 삶의 소리, 나의 소리를 내어야 한다. 나와 당신은 서로 다른 자기만의 소리를, 그러나 하늘의 소리와 다르지 않은 소리를 내어야 한다. 하늘의 소리와 다르지 않은 자기의 소리를 내는 것이야말로 우리 각자의 몫이고, 그 몫은 자기를 다할 때 비로소 찾을 수 있다.

떨림이 있어 삶이다.

하나이며 둘이고 둘이며 하나인 삶의 신비

'산다는 것은 무엇인가?'라는 질문을 좇다 보니 삶의 신비 안에서 오히려 길을 잃은 것 같다. 그러나 우리가 '하나이며 둘이고, 둘이며 하나'인 삶의 신비를 맛보기 위하여서는 그 신비와 벗하지 않을 수 없다. 태극은 그 점을 우리에게 넌지시 보여준다.

중국적 사유의 원형을 더듬으며 왠지 낯설지 않음을 느꼈다. 우리가 중국과 이웃해 함께 살고 있어서일까? 우리가 중국과 '함께' 살 수 있는 것은 하나가 아니기에 가능하다. 이웃하지만 각기 자기의 삶을 산다. 그럼에도 중국적 사유가 낯설지 않은 것은 무엇 때문인가? 우리가 온전한 삶을 누리면서 맛보았던 것들이 바로 태극이 상징적으로 담고 있는 그것과 다르지 않기 때문이다. 다시 말하여, 인간답게 산다면 그가 누구이든 어디에서 살든지 간에 삶의 근원으로부터 오는 동일한 온전함을 맛본다는 뜻이다.

우리는 종종 "우리 한번 사람답게 살아보자!"고 말한다. 한 사람이 온전히 살아갈 때 그 삶의 빛은 그 사람을 넘어서서 온 누리로 퍼져 나간다. 그렇게 사는 사람은 스스로의 한계를 넘어서기에 사람이면서 '신성'을 드러낸다. 그것이 사람답게 사는 것이다.

이제 태극은 잊어도 그만이다. 사람답게 살면 절로 드러날 것이기 때문이다. 태극이 담고 있는 중국적 사유의 원형은 어찌 보면 인간적 사유의 한 원형이라고 보아도 무방할 듯하다. 적어도 우리가 걸어온 길[(中庸之)道]에서는 그렇게 보인다. 삶의 근원은 나만의 근원이 아니라 모든 것['나']의 근원이다. 근원의 '맛'이나 '울림'을 느낄 때는 마치 내가 없는 듯하다. 남의 이야기가 아니라 바로 우리들의 삶이 그렇다는 말이다.

우리는 하루에도 몇 번씩이나 죽음을 오가면서 산다. 배고파서 죽고 배불러서 죽고, 슬퍼서 죽고 기뻐서 죽고, 추워서 죽고 더워서 죽는다. 바빠서 죽고 심심해서 죽고, 목이 말라서 죽고 오줌이 마려워도 죽고, 때로는 졸려서 죽는다. 좋아도 죽고 미워도 죽는 게 우리의 삶이다. 우리의 삶은 하루에 몇 번씩이 아니라 하루 종일 근원을 넘나들면서[出生入死] 근원과 하나임을 맛보는 삶이다. 국기에 태극 문양을 넣었으니 더 말해서 무엇 하랴! 모든 것이 태극의 드러남이지만 모든 것이 그렇기에 오히려 감춰진다. 우리의 삶은 각기 온전한 삶을 누리면서도 서로의 삶이 둘이 아님을 함께 나누어 감이다.

글을 마무리하자니, 한편 죄송스러운 마음을 금할 수 없다. 말이나 글은 아무리 애쓴다 해도 '아는 듯이' 하는 것을 면할 수 없는 모양이다!

주

1) 『周易』, 「繫辭上傳」, 12章.
2) '--' '–' 부호의 기원에 관해 '–'은 하늘의 혼연일체한 모양에서, '--'은 땅의 산과 계곡의 모양에서 유래됐다든가, '–'과 '--'이 남녀의 생식기관을 본뜬 것이라든가 하는 주장이 있고, 단괘(單卦)는 혼인법을 나타내는 토템 부호라 하는 등등의 주장이 있다. 高懷民, 『先秦易學史』(臺北 : 商務印書館, 六四年), p.59. 方東美, 『原始儒家道家哲學』(臺北 : 黎明文化事業公司, 七二年), p.146 참조.
3) "書不盡言, 言不盡意, 然則聖人之意, 其不可見乎? 子曰 : 聖人立象以盡意."(『周易』, 「繫辭上傳」, 12章)
4) 高懷民, 같은 책, pp.64-65.
5) 杜而未, 『易經陰陽宗教』 序(臺北 : 學生書局, 七一年), pp.2-3.
6) 杜而未, 『易經陰陽宗教』(臺北 : 學生書局,七一年), 『易經原義的發明』 再版(臺北 : 學生書局, 六七年) ; 『中國古代宗教系統』(臺北 : 學生書局, 六六年) 등을 참조.
7) 朱子, 『朱文公易說』, 『通志堂經解』四(臺北 : 漢京文化事業有限公司), pp.2072-2073. "朱子曰 : 先天圖有一月之象, 自復而震, 屬初三日月之生也, 至兌, 屬初入日月之上弦也. 乾, 月之望也. 巽, 月之始虧也. 至艮, 屬二十三日, 月之下弦也, 坤則其晦月也."
8) "是故, 易有太極, 是生兩儀, 兩儀生四象, 四象生八卦."(『周易』, 「繫辭上傳」, 11章)
9) "八卦成列, 象在其中矣."(같은 책, 「繫辭下傳」, 1章)
10) "觀變於陰陽, 而立卦."(같은 책, 「設卦傳」, 1章)
11) "見乃謂之象."(같은 책, 「繫辭上傳」, 11章)
12) "易之爲書也, 廣大悉備, 有天道焉, 有人道焉. 有地道焉. 兼三才而兩之, 故六, 六者, 非它也, 三才之道也."(같은 책, 「繫辭下傳」, 10章)
13) "知/不知, 上 ; 不知/知, 病. 夫唯病病, 是以不病. 聖人不病. 以其病病, 是以不病."(『道德經』, 71章)

14) 같은 책, 56章.

15) 『周易』, 「繫辭上傳」, 1章.

16) 같은 책, 「繫辭上傳」, 1章.

17) 같은 책, 「繫辭上傳」, 1章.

18) "出生入死. 生之徒/十有三, 死之徒/十有三, 人之生/動地死地/亦有三. 夫何故? 以其生生之厚. 蓋聞/善攝生者, 陸行/不遇兕虎, 入軍/不被甲兵. 兕/無所投其角, 虎/無所措其爪, 兵/無所用其刃, 夫何故? 以其無死地."(『道德經』, 50章)

19) 『周易』, 「繫辭上傳」, 1章.

20) 같은 책, 「乾卦文言傳」.

21) 태극(太極)·도(道)·양의(兩儀)의 개념 및 이들 개념 간의 관계에 대하여는 학자들 간에 조금씩 차이가 있다. 학자들의 해석이 차이를 보이는 이유는 첫째, 『주역』에 이들 개념에 대한 상세한 설명이 없다는 점과 둘째, 이들이 매우 초월적인 개념이기 때문이라고 할 수 있다. 이 문제에 관해서는 羅光, 『儒家形上學』(臺北 : 輔仁大學出版社, 六九年), pp.71-79. ; 方東美, 『中國人生哲學概要』(臺北 : 先知出版社, 六七年), p.14, 17 및 『生生之德』(臺北 : 黎明, 六八年), p.277. ; 李震, 『中外形上學比較硏究』上冊(臺北 : 中央文物供應社, 七一年), p.50을 참조.

22) 同註 15.

23) 『中庸』, 「中庸章句序」 참조.

24) "子曰 : 君子和而不同, 小人同而不和."(『論語』, 「子路」 23)

25) 『周易』, 「繫辭上傳」, 5章.

26) 같은 책, 「繫辭上傳」, 1章.

27) 같은 책, 「繫辭上傳」, 5章.

28) 혹시 더 분명하게 짚어보아야겠다는 생각이 든다면 다음의 글들이 도움이 될 것이다. 高懷民, 『周易哲學의 理解』(鄭炳碩 옮김, 文藝出版社, 1995). ; 마르틴 하이데거, 『형이상학 입문』(박휘근 옮김, 文藝出版社, 1997). ; 金忠列, 『中國哲學散稿』(汎學圖書, 1977). ; 『大學·中庸』(玄岩社, 1967). 본문과 함께 실린 두 편의 논문 : 朴種鴻, 「中庸의 思想」, pp.291-305. ; 李相殷, 「『大學』과 『中庸』의 現代的 意義」, pp.306-371. ; 洪性敏, 「戴震의 考證

學的 氣一元論에 대한 硏究-乾嘉 考證學과의 知性史的 關聯을 중심으로-」(高麗大學校 大學院, 碩士學位論文, 2000).

29) "子曰 : 道不遠人, 人之爲道/而遠人, 不可以爲道. 詩云 : 伐柯伐柯, 其則不遠. 執柯以伐柯, 睨而視之, 猶而爲遠. 故君子/以人治人, 改而止. 忠恕/違道不遠, 施諸己/而不願, 亦勿施於人. 君子之道/四, 丘未能一焉 : 所求乎子/以事父, 未能也 ; 所求乎臣/以事君, 未能也 ; 所求乎弟/以事兄, 未能也 ; 所求乎朋友/先施之, 未能也. 庸德之行, 庸言之謹 ; 有所不足, 不敢不勉 ; 有餘不敢盡. 言顧行, 行顧言, 君子胡不慥慥爾?"(『中庸』, 13章)

30) "子曰 : 參乎! 吾道一以貫之. 曾子曰 : 唯. 子出, 門人問曰 : 何謂也? 曾子曰 : 夫子之道, 忠恕而已矣!"(『論語』, 「里仁, 15」)

31) 『大學·中庸』(玄岩社, 1967), pp.185-187 참조. ; 洪性敏, 앞 논문, pp.87-91 참조.

32) 주희(朱熹)는 『논어집주 論語集註』, 「이인 里仁」 주(註)에서 '자기를 다함이 충이요, 자기를 미루어 봄이 서[盡己之謂忠, 推己之謂恕]'라고 해석한다.

33) 이광수, 『원효대사』(일신서적출판사, 1995), p.192.

34) 같은 책, pp.216-217.

35) 『周易』, 「繫辭上傳」, 1章.

36) "誠者, 天之道也. 誠之者, 人之道也. 誠者, 不勉而中, 不思而得, 聖人也. 誠之者, 擇善而固執者也."(『中庸』, 20章)

37) "君子之道, 費而隱. 夫婦之愚, 可以與知焉 ; 及其至也, 雖聖人亦有所不知焉. 夫婦之不肖, 可以能行焉 ; 及其至也, 雖聖人亦有所不能焉. 天地之大也, 人猶有所憾. 故君子語大, 天下莫能載焉 ; 語小, 天下莫能破焉. 詩云 : '鳶飛戾天, 魚躍于淵.' 言其上下察也. 君子之道, 造端乎夫婦, 及其至也, 察乎天地."(같은 책, 12章)

38) 같은 책, 1章 참조.

39) "誠者, 自成也 ; 而道, 自道也. 誠者, 物之終始 ; 不誠, 無物. 是故君子誠之爲貴. 誠者, 非自成己而已也, 所以成物也. 成己, 仁也 ; 成物, 知也 ; 性之德也, 合內外之道也. 故時措之宜也."(같은 책, 25章)

40) 같은 책, 26章.

41) "仲尼曰 : '君子中庸, 小人反中庸. 君子之中庸也, 君子而時中 ; 小人之反中庸也, 小人而無忌憚也.'"(같은 책, 2章)

42) "……或生而知之, 或學而知之, 或困而知之, 及其知之, 一也. 或安而行之, 或利而行之, 或勉强而行之, 及其成功, 一也.……誠之者, 擇善而固執之者也. 博學之, 審問之, 愼思之, 明辨之, 篤行之. 有弗學, 學之不能弗措也 ; 有弗問, 問之弗知弗措也 ; 有弗思, 思之弗得弗措也 ; 有弗辨, 辨之弗明弗措也 ; 有弗行, 行之弗篤弗措也. 人一能之, 己百之 ; 人十能之, 己千之. 果能此道矣, 雖愚必明, 雖柔必强."(같은 책, 20章)

43) "君子素其位而行, 不願乎其外. 素富貴, 行乎富貴 ; 素貧賤, 行乎貧賤 ; 素夷狄, 行乎夷狄 ; 素患難, 行乎患難. 君子無入而不自得焉! 在上位不陵, 在下位不援上. 正己而不求於人, 則無怨. 上不怨天, 下不尤人, 故君子居易以俟命, 小人行險以徼幸. 子曰 : 射有似乎君子, 失諸正鵠, 反求諸其身."(같은 책, 14章)

44) "唯天下至誠, 爲能盡其性 ; 能盡其性, 則能盡人之性 ; 能盡人之性, 則能盡物之性 ; 能盡物之性, 則可以贊天地之化育 ; 可以贊天地之化育, 則可以與天地參矣."(같은 책, 22章)

45) 같은 책, 1章.

참고문헌

憨山, 오진탁 옮김, 『감산의 中庸 풀이』, 서광사, 1991.

高懷民, 鄭炳碩 옮김, 『周易哲學의 理解』, 文藝出版社, 1995.

金忠烈, 『中國哲學散稿』, 汎學圖書, 1977.

朴正根, 「아름다운 삶」, 朴正根 외, 『삶·윤리·예술』, 姜聲渭 博士 停年退任 紀念論文集, 以文出版社, 1997.

_____, 「유가철학에 있어서 삶과 배움의 의미」, 『삶의 의미를 찾아서』, 以文出版社, 1994.

朴種鴻, 「中庸의 思想」, 李東歎 講解, 『大學·中庸』, 玄岩社, 1967.

이기상 외, 『삶·윤리·예술』, 姜聲渭 博士 停年退任 紀念論文集, 以文出版社, 1997.

李東歎 講解, 『大學·中庸』, 玄岩社, 1967.

李相殷, 「『大學』과 『中庸』의 現代的 意義」, 李東歎 講解, 『大學·中庸』, 玄岩社, 1967.

중국적 사유의 원형 주역과 중용을 중심으로

펴낸날 초 판 1쇄 2004년 2월 25일
초 판 4쇄 2007년 9월 5일
개정판 1쇄 2013년 7월 12일
개정판 2쇄 2018년 6월 28일

지은이 박정근
펴낸이 심만수
펴낸곳 (주)살림출판사
출판등록 1989년 11월 1일 제9-210호

주소 경기도 파주시 광인사길 30
전화 031-955-1350 팩스 031-624-1356
홈페이지 http://www.sallimbooks.com
이메일 book@sallimbooks.com

ISBN 978-89-522-0197-3 04080
978-89-522-0096-9 04080(세트)

026 미셸 푸코

eBook

양운덕(고려대 철학연구소 연구교수)

더 이상 우리에게 낯설지 않지만, 그렇다고 손쉽게 다가가기엔 부담스러운 푸코라는 철학자를 '권력'이라는 열쇠를 가지고 우리에게 열어 보여 주는 책. 권력은 어떻게 작용하는가에서 논의를 시작하여 관계망 속에서의 권력과 창조적 · 생산적 · 긍정적인 힘으로서의 권력을 이야기해 준다.

027 포스트모더니즘에 대한 성찰

eBook

신승환(가톨릭대 철학과 교수)

포스트모더니즘의 역사와 논의를 차분히 성찰하고, 더 나아가 서구의 근대를 수용하고 변용시킨 우리의 탈근대가 어떠한 맥락에서 이해되는지를 밝힌 책. 저자는 오늘날 포스트모더니즘으로 대변되는 탈근대적 문화와 철학운동은 보편주의와 중심주의, 전체주의와 이성 중심주의에 대한 거부이며, 지금은 이 유행성의 뿌리를 성찰해 볼 때라고 주장한다.

202 프로이트와 종교

eBook

권수영(연세대 기독상담센터 소장)

프로이트는 20세기를 대표할 만한 사상가이지만, 여전히 적지 않은 논란과 의심의 눈초리를 받고 있다. 게다가 신에 대한 믿음을 빼앗아버렸다며 종교인들은 프로이트를 용서하지 않을 기세이다. 기독교 신학자인 저자는 이 책을 통해 종교인들에게 프로이트가 여전히 유효하며, 그를 통하여 신앙이 더 건강해질 수 있다는 점을 보여 주려 한다.

427 시대의 지성 노암 촘스키

eBook

임기대(배재대 연구교수)

저자는 노암 촘스키를 평가함에 있어 언어학자와 진보 지식인 중 어느 한 쪽의 면모만을 따로 떼어 이야기하는 것은 불합리하다고 말한다. 이 책에서는 촘스키의 가장 핵심적인 언어이론과 그의 정치비평 중 주목할 만한 대목들이 함께 논의된다. 저자는 촘스키 이론과 사상의 본질에 다가가기 위한 이러한 시도가 나아가 서구 사상을 받아들이는 우리의 자세와도 연결된다고 믿고 있다.

024 이 땅에서 우리말로 철학하기

이기상(한국외대 철학과 교수)

우리말을 가지고 우리의 사유를 펼치고 있는 이기상 교수의 새로운 사유 제안서. 일상과 학문, 실천과 이론이 분리되어 있는 '궁핍의 시대'에 사는 우리에게 생활세계를 서양학문의 식민지화로부터 해방시키고, 서양이론의 중독으로부터 벗어나야 한다고 역설한다. 저자는 인간 중심에서 생명 중심으로의 변환과 관계론적인 세계관을 담고 있는 '사이 존재'를 제안한다.

025 중세는 정말 암흑기였나 eBook

이경재(백석대 기독교철학과 교수)

중세에 대한 친절한 입문서. 신과 인간에 대한 중세인의 의식을 다루고 있는 이 책은 어떻게 중세가 암흑시대라는 일반적인 인식을 가지게 되었는지에 대한 물음을 추적한다. 중세는 비합리적인 세계인가, 중세인의 신앙과 이성은 어떠한 관계를 갖고 있는가 등에 대한 논의를 하고 있다.

065 중국적 사유의 원형 eBook

박정근(한국외대 철학과 교수)

중국 사상의 두 뿌리인 『주역』과 『중용』을 철학적 관점에서 접근한다. '산다는 것은 무엇인가?'라는 근원적 질문으로부터 자생한 큰 흐름이 유가와 도가인데, 이 두 사유의 흐름을 거슬러 올라가다 보면 그 둘이 하나로 합쳐지는 원류를 만나게 된다. 저자는 『주역』과 『중용』에 담겨 있는 지혜야말로 중국인의 사유세계를 지배하는 원류라고 말한다.

076 피에르 부르디외와 한국사회 eBook

홍성민(동아대 정치외교학과 교수)

부르디외의 삶과 저작들을 통해 그의 사상을 쉽게 소개해 주고 이를 통해 한국사회의 변화를 호소하는 책. 저자는 부르디외가 인간의 행동이 엄격한 합리성과 계산을 근거로 행해지기보다는 일정한 기억과 습관, 그리고 사회적 전통에 영향을 받는다는 사실로부터 시작한다는 점을 강조한다.

096 철학으로 보는 문화

eBook

신응철(숭실대 인문과학연구소 연구교수)

문화와 문화철학 연구에 관심 있는 사람을 위한 길라잡이로 구상된 책. 비교적 최근에 분과학문으로 등장하기 시작한 문화철학의 논의에 반드시 들어가야 할 요소를 선택하여 제시하고, 그 핵심 내용을 제공한다. 칸트, 카시러, 반 퍼슨, 에드워드 홀, 에드워드 사이드, 새무얼 헌팅턴, 수전 손택 등의 철학자들의 문화론이 소개된다.

097 장 폴 사르트르

eBook

변광배(프랑스인문학연구모임 '시지프' 대표)

'타자'는 현대 사상에 있어 가장 중요한 개념 중 하나이다. 근대가 '자아'에 주목했다면 현대, 즉 탈근대는 '자아'의 소멸 혹은 자아의 허구성을 발견함으로써 오히려 '타자'에 관심을 갖게 되었다. 그리고 타자이론의 중심에는 사르트르가 있다. 사르트르의 시선과 타자론을 중점적으로 소개한 책.

135 주역과 운명

eBook

심의용(숭실대 강사)

주역에 대한 해설을 통해 사람들의 우환과 근심, 삶과 운명에 대한 우리의 자세를 말해 주는 책. 저자는 난해한 철학적 분석이나 독해의 문제로 우리를 데리고 가는 것이 아니라 공자, 백이, 안연, 자로, 한신 등 중국의 여러 사상가들의 사례를 통해 우리네 삶을 반추하는 방식을 취한다.

450 희망이 된 인문학

eBook

김호연(한양대 기초 · 융합교육원 교수)

삶 속에서 배우는 앎이야말로 인간의 운명을 바꿀 수 있는 기회를 준다. 그래서 삶이 곧 앎이고, 앎이 곧 삶이 되는 공부를 하는 것이 무엇보다 중요하다. 저자는 인문학이야말로 앎과 삶이 결합된 공부를 도울 수 있고, 모든 이들이 이 공부를 할 수 있어야 한다고 믿는다. 특히 '관계와 소통'에 초점을 맞춘 인문학의 실용적 가치, '인문학교'를 통한 실제 실천사례가 눈길을 끈다.

철학 · 사상

eBook 표시가 되어있는 도서는 전자책으로 구매가 가능합니다.

024 이 땅에서 우리말로 철학하기 | 이기상
025 중세는 정말 암흑기였나 | 이경재 eBook
026 미셸 푸코 | 양운덕 eBook
027 포스트모더니즘에 대한 성찰 | 신승환 eBook
049 그리스 사유의 기원 | 김재홍 eBook
050 영혼론 입문 | 이정우
059 중국사상의 뿌리 | 장현근 eBook
065 중국적 사유의 원형 | 박정근 eBook
072 지식의 성장 | 이한구 eBook
073 사랑의 철학 | 이정은 eBook
074 유교문화와 여성 | 김미영 eBook
075 매체 정보란 무엇인가 | 구연상 eBook
076 피에르 부르디외와 한국사회 | 홍성민 eBook
096 철학으로 보는 문화 | 신응철 eBook
097 장 폴 사르트르 | 변광배 eBook
123 중세와 토마스 아퀴나스 | 박경숙 eBook
135 주역과 운명 | 심의용 eBook
158 칸트 | 최인숙 eBook
159 사람은 왜 인정받고 싶어하나 | 이정은 eBook
177 칼 마르크스 | 박영균
178 허버트 마르쿠제 | 손철성 eBook
179 안토니오 그람시 | 김현우
180 안토니오 네그리 | 윤수종 eBook
181 박이문의 문학과 철학 이야기 | 박이문 eBook
182 상상력과 가스통 바슐라르 | 홍명희 eBook
202 프로이트와 종교 | 권수영 eBook
289 구조주의와 그 이후 | 김종우 eBook
290 아도르노 | 이종하 eBook
324 실용주의 | 이유선
339 해체론 | 조규형
340 자크 라캉 | 김용수
370 플라톤의 교육 | 장영란 eBook
427 시대의 지성 노암 촘스키 | 임기대 eBook
441 소크라테스를 알라 | 장영란 eBook
450 희망이 된 인문학 | 김호연 eBook
453 논어 | 윤홍식 eBook
454 장자 | 이기동 eBook
455 맹자 | 장현근 eBook
456 관자 | 신창호 eBook
457 순자 | 윤무학 eBook
459 사주(四柱) 이야기 | 이지형 eBook
467 노자 | 임헌규 eBook
468 한비자 | 윤찬원 eBook
469 묵자 | 박문현 eBook
470 나는 누구인가 | 김용신 eBook
475 버트런드 러셀 | 박병철
476 에드문트 후설 | 박인철
477 공간 해석의 지혜, 풍수 | 이지형
478 이야기 동양철학사 | 강성률
479 이야기 서양철학사 | 강성률
480 독일 계몽주의의 유학적 기초 | 전홍석

(주)살림출판사
www.sallimbooks.com
주소 경기도 파주시 문발동 522-1 | 전화 031-955-1350 | 팩스 031-955-1355